# Pós-estruturalismo

**Dados Internacionais de Catalogação na Publicação (CIP)**
**(Câmara Brasileira do Livro, SP, Brasil)**

Williams, James
  Pós-estruturalismo / James Williams ; tradução de Caio Liudvik. 2. ed. – Petrópolis, RJ : Vozes, 2013. – (Série Pensamento Moderno)

  Título original: Understanding poststructuralism
  Bibliografia.

  7ª reimpressão, 2024.

  ISBN 978-85-326-4409-1

  1. Pós-estruturalismo  I. Título.  II Série

12-08103                                                CDD-149.96

Índices para catálogo sistemático:
1. Pós-estruturalismo : Filosofia     149.96

JAMES WILLIAMS

# Pós-estruturalismo

TRADUÇÃO DE CAIO LIUDVIK

EDITORA
VOZES
Petrópolis

© 2005, James Williams

Tradução autorizada a partir da Acumen Publishing Ltd. Edition.
Edição brasileira publicada por intermédio da Agência Literária Eulama Internacional.

Tradução do original em inglês intitulado *Understanding Poststructuralism*

Direitos de publicação em língua portuguesa – Brasil:
2012, Editora Vozes Ltda.
Rua Frei Luís, 100
25689-900  Petrópolis, RJ
www.vozes.com.br
Brasil

Todos os direitos reservados. Nenhuma parte desta obra poderá ser reproduzida ou transmitida por qualquer forma e/ou quaisquer meios (eletrônico ou mecânico, incluindo fotocópia e gravação) ou arquivada em qualquer sistema ou banco de dados sem permissão escrita da editora.

**CONSELHO EDITORIAL**

**Diretor**
Volney J. Berkenbrock

**Editores**
Aline dos Santos Carneiro
Edrian Josué Pasini
Marilac Loraine Oleniki
Welder Lancieri Marchini

**Conselheiros**
Elói Dionísio Piva
Francisco Morás
Gilberto Gonçalves Garcia
Ludovico Garmus
Teobaldo Heidemann

**Secretário executivo**
Leonardo A.R.T. dos Santos

**PRODUÇÃO EDITORIAL**

Aline L.R. de Barros
Marcelo Telles
Mirela de Oliveira
Otaviano M. Cunha
Rafael de Oliveira
Samuel Rezende
Vanessa Luz
Verônica M. Guedes

**Conselho de projetos editoriais**
Isabelle Theodora R.S. Martins
Luísa Ramos M. Lorenzi
Natália França
Priscilla A.F. Alves

---

*Editoração*: Fernando Sergio Olivetti da Rocha
*Diagramação*: Sheilandre Desenv. Gráfico
*Capa*: WM design

ISBN 978-85-326-4409-1 (Brasil)
ISBN 978-1-84465-032-3 (Reino Unido)

Este livro foi composto e impresso pela Editora Vozes Ltda.

*Para Richard e Olive*
*O que importa é, sempre, de quem você é aprendiz.*

# Sumário

*Agradecimentos* 9
*Abreviaturas* 11
1 *Introdução* – O que é pós-estruturalismo? 13
2 O pós-estruturalismo como desconstrução – *Gramatologia*, de Jacques Derrida 46
3 Pós-estruturalismo como filosofia da diferença – *Diferença e repetição*, de Gilles Deleuze 83
4 Pós-estruturalismo como filosofia do evento – *Discurso, figura*, de Jean-François Lyotard 118
5 Pós-estruturalismo, história, genealogia – *A arqueologia do saber*, de Michel Foucault 153
6 Pós-estruturalismo, psicanálise, linguística – *A revolução da linguagem poética*, de Júlia Kristeva 189
7 *Conclusão* – Pós-estruturalismo no futuro 216
*Questões para discussão e revisão* 233
*Leituras adicionais* 237
*Linha do tempo das publicações* 241
*Índice* 245

# Agradecimentos

Quero agradecer ao Carnegie Trust for the Universities of Scotland pelo seu generoso suporte para pesquisas em bibliotecas de Paris. A Bibliothèque du Saulchoir, Paris, ofereceu um ambiente estimulante e recursos maravilhosos para a pesquisa. O trabalho para o capítulo 3 foi apoiado pelo Arts and Humanities Research Council. O material do capítulo três foi apresentado no Experimenting with Intensities Conference (maio de 2004) na Trent University, Canadá, com financiamento da viagem pela British Academy, e na Writing/History: Deleuzian Events Conference (junho de 2005) na University of Cologne. O capítulo quatro foi apresentado em parte no Department of Political Science, Carleton University, Canadá. Sou grato pelo seu apoio e *feedback* muito útil. O capítulo um foi apresentado no Research Seminar in the Philosophy Department, University of Dundee. A University of Dundee financiou um período sabático para este projeto. Kurt Brandhorst, Claire Colebrook, Nicholas Davey, John Drummond, Penny Fielding, Lily Forrester, Rachel Jones, Beth Lord, Valentine Moulard, Aislinn O'Donnell, Keith Ansell Pearson, John Protevi, Dan Smith, Michael Wheeler, Frédéric Worms e muitos outros me desafiaram e ajudaram em conversas e por meio de suas pesquisas. Em *Acumen* Steven Gerrard, Tristan Palmer e Kete Williams tornaram este livro muito melhor a partir de seu cuidadoso destaque editorial. Minhas aulas de graduação e de pós-graduação e meus orientandos me deram a oportunidade de testar muitas partes desta obra num ambiente agradável, mas crítico. Eles propiciaram ideias de maneiras que nunca podem ser totalmente seguidas, mas que são a seiva vital do trabalho acadêmico. Sou grato a todos os amigos, alunos e colegas por seus comentários e auxílio, mas reivindico todos os erros e imprecisões como apenas meus.

Uma obra deve mais do que jamais poderia ser quantificado ao tempo, amor e espaço que os outros lhe dedicam, por mais que alguém fosse tolo ou grosseiro o bastante para tentar. Em tudo isso, minha imensurável dívida é com você, Claire.

# Abreviaturas

AK     FOUCAULT. *The Archaeology of Knowledge.* Londres: Routledge, 1989.

D     DERRIDA. "Différance". *Margins of Philosophy.* Chicago, IL: University of Chicago Press, 1984, p. 1-28 [Trad. de A. Bass].

DR     DELEUZE. *Difference and Repetition.* Nova York: Columbia University Press, 1995 [Trad. de P. Patton].

DF     LYOTARD. *Discours, figure.* Paris: Klincksieck, 1971.

HRS     DELEUZE. "How do we Recognize Structuralism". *Desert Islands and Other Texts (1953-1974).* Nova York: Semiotext(e), 2003, p. 170-192 [Trad. de M. Taormina].

OG     DERRIDA. *Of Grammatology.* Baltimore, MD: Johns Hopkins University Press, 1974 [Trad. de G.C. Spivak].

PS     DELEUZE. *Proust and Signs.* Londres: Continuum, 2000 [Trad. de R. Howard].

RPL     KRISTEVA. *Revolution in Poetic Language.* Nova York: Columbia University Press, 1984 [Trad. de M. Waller].

TD     LYOTARD. *The Differend*: Phrases in Dispute. Mineápolis, MN: University of Minnesota Press, 1988.

WPU     DELEUZE. "What Prisoners want from Us". *Desert Islands and Other Texts (1953-1974).* Nova York: Semiotext(e), 2003, p. 204-205 [Trad. de M. Taormina].

# 1

# Introdução
## O que é pós-estruturalismo?

**Limites e conhecimento**

Pós-estruturalismo é o nome para um movimento na filosofia que começou na década de 1960. Ele permanece sendo uma influência não apenas na filosofia, mas também num leque mais amplo de campos temáticos, incluindo literatura, política, arte, críticas culturais, história e sociologia. Essa influência é controversa porque o pós-estruturalismo é visto como uma posição divergente, por exemplo, das ciências e dos valores morais estabelecidos.

O movimento é melhor resumido por meio dos pensadores que o compõem. Por isso, este livro tenta explicá-lo mediante um estudo crítico de cinco das mais importantes obras de cinco dos mais importantes pensadores do movimento (Derrida, Deleuze, Lyotard, Foucault e Kristeva). O objetivo maior é responder a duas das mais fortes críticas ao pós-estruturalismo: a primeira, que ele é deliberada e indiscutivelmente difícil; a segunda, que ele adota posições que são marginais, inconsistentes e insustentáveis.

O primeiro conceito que leva em conta esses pontos é que os *limites do conhecimento têm um papel inevitável em seu âmago*. Este é o denominador comum que permeia o pós-estruturalismo. Ele explica por que foi preciso ir além do estruturalismo, já que o projeto estruturalista pode ser sintetizado pelo conceito de que chega a um conhecimento seguro ao restringir, envolver diferenças no interior de estruturas. Segundo os pós-estruturalistas, esta segurança negligencia os papéis perturbadores e produtivos de limites irregulares da estrutura. O conhecimento não pode ultrapassar esses limites: "Ele não é envolto, mas atravessado por seu limite, influenciado em seu cerne pelas múltiplas ranhuras de sua margem" (D: 25).

Portanto, "limite" não é usado aqui numa acepção especializada, por exemplo, em termos matemáticos, ou como os limites superior e inferior de quantidades mensuráveis. Ao invés disso, indica segurança e estabilidade relativas num dado ambiente, no qual as fronteiras são vistas como menos fidedignas do que o centro. Para o pós-estruturalismo, o interior não é mais confiável, significativo e melhor conhecido do que seus limites ou fronteiras externas. A crítica desta distinção leva o pós-estruturalismo bem além das visões estruturalistas, embora deva muito a elas.

O conhecimento estruturalista é aberto à mudança quando as estruturas observadas mudam. Entretanto, a despeito desta abertura à mudança, ao notar um padrão repetitivo de signos o cientista estruturalista espera alcançar alguma compreensão segura. Por exemplo, ao percorrer os padrões repetitivos da vida cotidiana (acordar/trabalhar/comer/dormir) podemos começar a compreender as relações entre cada elemento (sua ordem e lugar). Pode haver limites a tais padrões (dormir/dormir/fazer/dormir), mas esses seriam desvios excepcionais do padrão normal. A ideia é que o conhecimento deve começar pela norma e só então considerar a exceção. A norma implica um desvio na definição da exceção. Se há um lado ético e político nesta distinção, é que a verdade e o bem estão na norma, embora muitas discordâncias sejam possíveis tanto quanto o que diz a norma.

O pós-estruturalismo projeta o limite sobre o interior do conhecimento e sobre nossa compreensão estabelecida da verdade e do bem. Ele faz isso de uma maneira radical. Ou seja, o limite não é comparado com o centro, nem equiparado a ele, nem lhe é dado algum tipo de papel moderador, no sentido, por exemplo, da maioria pondo-se à escuta de minorias. Antes, a alegação é de que *o limite é o cerne*.

O que significa esta afirmação? Significa que qualquer forma estabelecida de conhecimento ou bem moral é feita por seus limites e não pode ser definida independentemente deles. Significa também que qualquer exclusão desses limites é impossível. Os limites são a verdade do cerne e quaisquer verdades que neguem isto são ilusórias ou falsas. A verdade de uma população está onde ela está mudando. A verdade de uma nação está em suas bordas. A verdade da mente está em seus casos limítrofes. Mas a definição de um limite não depende da noção de um interior prévio? Você só sabe que dormir/dormir/dormir/beber é desviante por causa do predomínio de acordar/trabalhar/comer/dormir. Não, a definição independente do limite é o segundo mais importante denominador comum no pós-estruturalismo. *O limite não é definido por oposição ao interior; é algo positivo por si mesmo*.

Esta definição é radical, uma vez que põe em questão o papel das formas tradicionais de conhecer no estabelecimento de definições. Nenhum pós-estruturalista define o limite como algo cognoscível (ele se tornaria nada mais que outro interior). Ao invés disso, todo pensador pós-estruturalista define o limite como uma versão de uma diferença pura, no sentido de algo que desafia a identificação. A terminologia exata escolhida para esta diferença varia enormemente e é muito controversa, suscitando sérios problemas. Portanto, de modo menos controverso, o *limite é uma coisa inapreensível que só pode ser abordada por sua função de irrupção e mudança no âmago*. Você não pode identificar o limite, mas pode rastrear seus efeitos.

*O pós-estruturalismo rastreia os efeitos de um limite definido como diferença*. Aqui, "diferença" não é entendida no sentido estruturalista de diferença entre coisas identificáveis, mas no sentido de variações abertas (que são chamadas, às vezes, de processos de diferenciação, e, muitas vezes, diferenças puras). Esses efeitos são transformações, mudanças, reavaliações. O trabalho do limite é abrir o limite e mudar nosso senso de seu papel como verdade e valor estáveis. E se a vida tivesse diferentes padrões? E se nossas verdades estabelecidas fossem outras, não o suposto? Como podemos fazer as coisas diferentes?

Esta definição do limite como algo aberto e inapreensível – exceto por seus rastros ou expressões em formas mais fixas de conhecimento – leva a grandes variações entre pós-estruturalistas. Eles observam os efeitos em diferentes lugares e seguem diferentes rastros. Eles dão diferentes caracterizações, temporária e necessariamente ilusórias do limite.

Cada um dos grandes textos pós-estruturalistas aqui estudados dão conta de modo diverso do papel do limite no âmago, mas todos compartilham as definições dadas acima. Cada texto terá para si um capítulo onde seus principais argumentos e características serão estudados. Dito de modo simplificado, Derrida persegue a operação do limite no aparentemente mais imediato e confiável interior da linguagem. Lyotard rastreia o efeito de eventos-limite na linguagem e na sensação. Deleuze afirma o valor de um limite produtivo entre identidades atuais e puras diferenças virtuais. Foucault rastreia a genealogia do limite como a constituição histórica de tensões e problemas ulteriores. Kristeva persegue o limite como um inconsciente em ação desfazendo e refazendo estruturas e oposições linguísticas.

Juntas, essas obras revelam o pós-estruturalismo como uma total ruptura de nosso senso seguro do significado e referência na linguagem, de nosso entendimento, de nossos sentidos e das artes, de nosso entendimento da identidade, de nosso senso da história e do papel dela no presente e de nosso entendimento da linguagem como algo livre do trabalho do inconsciente.

Ruptura não deve ser vista como uma palavra negativa. Um aspecto do pós-estruturalismo é seu poder de resistir e trabalhar contra verdades e oposições estabelecidas. Ele pode ajudar em lutas contra a discriminação em termos de sexo ou gênero, contra inclusões e exclusões com base em raça, experiências prévias, *background*, classe ou riqueza. Ele alerta contra a violência, às vezes ostensiva, às vezes oculta, de valores estabelecidos como uma moral estabelecida, um cânone artístico ou uma estrutura legal fixada. Cumpre notar que isso não significa que ele os negue; antes, ele trabalha dentro deles pelo melhor.

Em cada uma das grandes obras a serem lidas aqui encontramos específicas lutas e formas de resistência. Obras pós-estruturalistas não podem ser reflexões teóricas abstratas, uma vez que só podem mostrar o trabalho dos limites nas aplicações práticas do conhecimento do interior. Elas devem tomar uma dada estrutura atual e desconstruí-la, transformá-la, mostrar suas exclusões. Por isso elas invalidam pressuposições sobre pureza (em moral), sobre essências (em termos de raça, gênero e experiências prévias), sobre valores (em arte e política), sobre verdade (em direito e filosofia).

Para o pós-estruturalismo, a ruptura deve também ser vista como uma palavra positiva. Não é que ela seja apenas um trabalho contra um âmago estabelecido O que ocorre é, antes, uma afirmação do poder do limite como uma fonte de produção interminável de transformações e diferenças novas e valiosas. *O pós-estruturalismo não é contra isto e a favor daquilo – de uma vez por todas. Ele é pela afirmação de um poder produtivo inexaurível dos limites. Ele é subversão – que resulta positiva – das oposições estabelecidas.*

**Objeções críticas**
A natureza radical do pós-estruturalismo significa que ele é também muito controvertido. Tem havido muitos ataques ao movimento. Ele, por seu turno, tem tido funções críticas poderosas a de-

sempenhar. Esses argumentos e controvérsias têm assumido muitas formas, desde acusações sobre a natureza destrutiva da oposição radical à tradição, até acusações de traição da causa radical.

Ao se considerar o grande espectro de debates frequentemente ignorantes e raivosos que têm acompanhado a disseminação do pós-estruturalismo, é útil observar as críticas puramente filosóficas de sua forma geral. O desdobramento radical de um limite, definido como pura diferença, sobre o âmago de um corpo de conhecimento é alvo das seguintes objeções correlatas:

1) Um limite deve ser definido em termos de um cerne conhecido que lhe tem precedência. Sobretudo, o que o limite limita?

2) Não faz sentido falar de uma pura diferença, já que para fazer isso devemos tratá-la como algo cognoscível. Você deve identificar algo para que seja capaz de falar dele.

3) A verdade é uma questão de consistência e por isso pressupõe certo tipo de âmago, ao menos em termos de lógica.

4) Negar um âmago é cair em relativismo, onde todos os valores são relativos. Se todas as afirmações são relativas a diferentes valores, como escolher com justiça entre diferentes postulados? Como negar valores extremos?

5) Bens morais dependem de um âmago, e o relativismo é, portanto, abandonar a moralidade. Muitos de nossos valores mais importantes não são relativos.

Tais objeções têm grande força intuitiva. Elas captam intuições de senso comum sobre a natureza da verdade e da moralidade. Elas também resumem argumentos aparentemente cristalinos sobre os liames entre conhecimento, justiça e moralidade. Este *background* no senso comum levaram os debates a serem simples e polarizados, como se precisássemos assumir um lado ou outro se nos importamos ou não com verdade, lógica e moralidade.

A simplicidade é ilusória e muito prejudicial, contudo, pois fracassa em considerar que todas as grandes obras pós-estruturalistas a serem lidas aqui desenvolvem seus argumentos com uma forte consciência crítica sobre esses pontos. Suas respostas a esses pontos poderiam começar a ser resumidas como se segue:

1) Não há um âmago conhecido que não pressuponha o limite. O limite vem primeiro, não o âmago.

2) O senso é algo mais que conhecimento. Há coisas importantes que importam justamente porque não podemos identificá-las.

3) Há verdade como consistência, mas há uma verdade mais profunda como variação (a verdade do radicalmente novo opondo-se à verdade do estabelecido).

4) Negar absolutos, tais como um determinado âmago, não é negar diferenças significativas que nos podem orientar.

5) Há uma ética associada a mostrar que um âmago esconde diferenças e as suprime. Isto não é negar a moralidade, mas sim negar que a ética seja questão de absolutos.

Estas respostas mostram que os argumentos críticos devem ir a um grau mais elevado. Os problemas críticos reais para a defesa do pós-estruturalismo são, se porventura pode ser mostrado, caso a caso, que:

- Um âmago é desestabilizado pelos seus limites.
- Esta desestabilização é eticamente positiva.
- Ela envolve um novo senso da verdade para além da identidade em referência e da coerência em estrutura.
- Mostrar algo na prática é tão valioso quanto demonstrá-lo de uma vez por todas.

Em outras palavras, a meta não é dar respostas definitivas às críticas. É mostrar que estas não se aplicam em casos práticos, mas de longo alcance (por vezes tão longo que podem parecer novos postulados de verdades universais).

Isto implica uma outra definição importante. *O pós-estruturalismo é uma prática.* Não se trata de argumentos abstratos ou observações imparciais, mas de uma expressão prática de limites em um determinado âmago. Isso explica por que as diferentes variedades de pós-estruturalismo recebem nomes que correspondem a atividades críticas e criativas práticas: desconstrução (Derrida), economia libidinal (Lyotard), genealogia e arqueologia (Foucault) empirismo transcendental (Deleuze), dialética (Deleuze, Kristeva).

Este lado pragmático do pós-estruturalismo convida a outros argumentos críticos, uma vez que parece se comprometer com um interminável trabalho crítico e construtivo, sem quaisquer verdades definitivas em vista. Este é mesmo o caso. Há uma diferença irredutível entre o compromisso pós-estruturalista com a prática e qualquer compromisso com uma fundação absoluta ou fim definitivo no conhecimento, na lógica ou na moralidade. *O pós-estruturalismo é constantemente revivido pela abertura ao novo (à pura diferença).* É *oposto a qualquer certeza absoluta, mas só pode funcionar mediante essa oposição em repetidas práticas críticas e criativas.*

Esta série de argumentos e oposições não são meramente teóricas. Os argumentos filosóficos têm consequências e paralelos em disputas políticas e morais familiares. Se a esquerda em política é definida como uma política para os que estão à margem, para os excluídos e para os que são definidos como inferiores e assim mantidos, então *o pós-estruturalismo é uma política de esquerda*. Se a direita em política é definida como uma de verdades e valores fixos, sejam tradições fixas, ou valores inalienáveis, ou verdades morais eternas, então o pós-estruturalismo se opõe a esta política. E atrai a fúria e o repúdio da direita. Esta crítica tem sido frequentemente raivosa e profundamente mal-informada.

Entretanto, dadas estas definições, é um erro identificar partidos políticos ou movimentos específicos com a direita e com a esquerda. Se uma margem específica é valorizada de uma vez por todas, ela não pode corresponder à definição de esquerda feita aqui. Assim, uma política calcada em valores específicos, de uma vez por todas, é de direita; isto independe de quão "bons" estes valores sejam julgados numa dada época. Isto não significa que o pós-estruturalismo, definido como uma política de esquerda, não possa lutar por causas. Significa que a razão para lutar por essas causas tem de ser porque elas são corretas num momento particular e dada uma situação particular, e não porque seriam causas dotadas de um bem eterno e absoluto. A luta é por estes direitos agora e não por direitos universais e eternos.

Isso significa também que a luta política pós-estruturalista não pode apelar a absolutos e deve tentar miná-los tão logo despontem, mesmo numa política que os pós-estruturalistas apoiem. Assim, como uma política de esquerda, o pós-estruturalismo não pode depender de certeza e de convicções inalteráveis. Isso não significa que ele não possa agir; pelo contrário, este tipo de certeza é frequentemente uma fraqueza ou uma mentira, ou uma forma de autoengano. A convicção deve ser aberta à mudança; ela deve buscar mudar. Onde fracasse em fazê-lo, não há pensamento.

Cada um dos pós-estruturalistas considerados aqui tomou posição quanto a injustiças e conflitos cruciais. Derrida escreveu poderosamente contra o *apartheid*. Lyotard militou pelas lutas argelinas por independência e revolução, bem como nos levantes estudantis de maio de 1968 em sua própria universidade. Foucault e Deleuze fizeram campanha por melhores condições das prisões. Kristeva é uma figura importante no feminismo contemporâneo. *A recusa de absolutos no pós-estruturalismo não atravancou a ação política; deu-lhe uma forma diferente.*

### Raízes filosóficas: Husserl e Heidegger

Embora associado a obras produzidas nas décadas de 1960 e 1970, o pós-estruturalismo tem raízes históricas profundas. Elas permitem uma melhor apreensão do significado e possibilidade do desdobramento dos limites. Elas permitem também uma melhor compreensão de por que o pós-estruturalismo faculta esta definição de sua prática. *O pós-estruturalismo é um movimento densamente histórico de reação a uma longa série de ideias filosóficas. É também, contudo, um modo revolucionário de pensar a história.*

É possível ver essas raízes filosóficas em termos de recusas e empréstimos, mas isto não permite uma compreensão sutil o bastante. Isto porque todas as principais figuras desta história tiveram influências positivas e negativas. E também porque o pós-estruturalismo continua a modificar suas raízes. O passado muda no presente e raízes não são fundações. Assim é melhor olhar em detalhe que ideias foram pinçadas e transformadas ao invés de catalogar continuidades e oposições. O pós-estruturalismo pode assim ser visto como uma série de interpretações de suas raízes históricas. Cada interpretação dessas influências é também uma transformação. Portanto, faz mais sentido pensar as raízes em termos do que elas tornam possível, e como definem um terreno, ao invés de pelos elementos específicos que foram repudiados ou mantidos. É um erro pensar o movimento como simplesmente "kantiano" ou "anticartesiano", por exemplo.

As raízes que serão tratadas aqui estão entre as mais óbvias e compartilhadas, mas haverá necessariamente exclusões que só podem ser justificadas pela falta de espaço e tempo, e não por algum princípio cuidadoso. Vamos tratar dos seguintes movimentos e pensadores respectivos: fenomenologia e Husserl; hermenêutica e Heidegger; psicanálise e Freud; filosofia transcendental e Kant; e existencialismo e Nietzsche. Não se deve inferir desta lista que os pensadores sejam os únicos representativos dos movimentos.

Se a fenomenologia é definida (certamente de modo demasiado simples) como o estudo de como a consciência é dirigida a ou intenciona coisas, e como a busca da verdade ou da essência dessa intencionalidade, então o pós-estruturalismo envolve uma crítica de tal verdade ou essências. O método fenomenológico de buscar desvelar ou perfazer uma redução a uma essência interior não desemboca em certezas.

Por exemplo, os filósofos pós-estruturalistas buscam mostrar como os sensos inatos de nossa própria consciência e sua relação com as coisas não podem ser separadas de contextos bem mais amplos. Quando eu penso que meu sentido interno de escutar minha própria voz é de algum modo mais seguro do que o de escutar a voz de outrem, negligencio o condicionamento social e as causas externas em operação neste senso interno. Tais formas de "presença" – para usar o termo de Derrida – não podem ser separadas de seus limites externos na linguagem, em experiências sociais e formas de conhecimento. *Não há pura presença.*

Contudo, nem por isso os métodos fenomenológicos são rejeitados pelo pós-estruturalismo. Eles são rejeitados enquanto via única para a verdade ou essência, mas são importantes por compreenderem o papel que a intencionalidade e a subjetividade têm sobre nós. Eles também são importantes por chegar a pontos de partida para uma diluição ou desfazimento, ou transformação da extensão de nossas ideias sobre o si-mesmo [*self*], sobre o sujeito e sobre a consciência. *O pós-estruturalismo não rejeita simplesmente as coisas. Ele trabalha dentro delas para desfazer seus postulados exclusivistas de verdade e pureza.*

Assim, não é que o pós-estruturalismo rejeite o caráter [*self*], o sujeito, o "Eu" ou a intersubjetividade, como alguns afirmaram. Ao invés disso, eles devem ser vistos como tomando lugar em contextos históricos, linguísticos e experienciais mais amplos. Não é que não exista um "Eu", é que ele não pode reivindicar-se como um âmago seguro. Outros sujeitos, a linguagem além de nosso controle e experiências que abalam nossos sentidos, operam sob nossas mais íntimas percepções e intuições.

Para o pós-estruturalismo é importante mostrar como o que vai além das fronteiras do sujeito, da consciência e do caráter opera ainda dentro dessas fronteiras (por exemplo, em termos de relações éticas, como os outros influenciam o caráter). Ao estudar e trabalhar com a fenomenologia, os pós-estruturalistas são capazes de conectar esta poderosa fonte de um âmago aparentemente seguro. São capazes de combater esse poder, não com o objetivo de eliminá-lo, mas para propiciar interações mais amplas para nossa atenção.

Esta ampliação e transformação da fenomenologia já estavam a caminho na obra de Martin Heidegger. Ele acrescentou um elemento hermenêutico à fenomenologia mostrando que significados pretéritos na linguagem não poderiam ser abstraídos de nenhuma existência (ou ente) dada. A hermenêutica, como a interpretação do passado em termos de transformações e débitos, deve ser parte de quaisquer verdades atuais. A metafísica, ou os sistemas filosóficos, não são apenas necessariamente históricos em suas relações uns com os outros, são também, necessariamente, parte da existência e da linguagem cotidianas.

Se restasse uma ideia de existência para além destas ideias de desvelamento histórico, seria em termos de relações mais autênticas ou fundamentais com nossa existência (*Dasein* ou ser-aí) e de o que permite a todas as coisas aparecerem como entes (Ser). Não é que a autenticidade ou o fundamental pudessem ser tratados separadamente da história dos entes, da metafísica e do conhecimento. Antes, sua verdade teria de ser pensada entre as verdades históricas. Nesse sentido, o autêntico e o fundamental seriam limites a serem desdobrados no histórico.

Por exemplo, embora uma vida humana possa ser pensada de muitos modos diferentes, em termos de história pessoal, estudo científico dela, seu caráter e crenças, Heidegger vê sua essência ou autenticidade como ser-para-a-morte. Não temos de estar conscientes disso, ou pensar nisso, para o ser-para-a-morte ser nossa verdade mais profunda. Ele permeia todos os outros modos de pensar sobre a vida e lança uma luz mais verídica neles. Nesse sentido, o ser-para-a-morte é o limite que deve ser desdobrado em outros modos aparentemente mais seguros de pensar sobre a vida.

Poderia ser inferido disso que Heidegger devesse ser chamado de pós-estruturalista. Esta é uma ideia tentadora, a despeito do problema histórico de situar esta obra, que começa no início do século XX, como pós-estruturalismo, que começa na década de 1960. Devemos resistir a esta ideia por duas razões. Primeiro, a filosofia de Heidegger nunca foi adotada totalmente pelos pós-estruturalistas. Seu trabalho sobre a metafísica e a verdade, suas distinções entre entes e Ser e sua passagem do sujeito para um mais duro *Dasein* ou "ser-aí" foram todas muito influentes em obras pós-estruturalistas, mas foram substituídas por termos correlatos, embora distintos. Por exemplo, embora Derrida tenha sido profundamente influenciado por Heidegger, ele substitui a prática e o termo heideggerianos da destruição por desconstrução.

Segundo, pode-se argumentar que Heidegger ainda mantém uma forte caracterização do limite em termos de autenticidade. Isso contrasta com as ideias bem mais abertas de diferença pura encontradas no pós-estruturalismo. Essa é uma diferença crucial ao se refletir sobre a relação entre a filosofia de Heidegger e seu apoio explícito ao Partido Nazista num período que culmina na Segunda Guerra Mundial. Essa relação entre o fascismo e a filosofia de Heidegger foi alvo de forte reação nas obras pós-estruturalistas (em Derrida e Lyotard, por exemplo). Parte desta reação é resposta à acusação de que haveria riscos políticos similares no pós-estruturalismo, ligados seja a um suposto relativismo ou a uma oposição a valores humanos essenciais.

### Raízes filosóficas: Freud, Kant e Nietzsche

A obra de Freud tem um lugar bem menos ambíguo nas raízes do pós-estruturalismo do que Heidegger. Isso é porque a obra de Freud sobre o inconsciente é um passo importante ao pós-estruturalismo, mas é alvo de forte reação e é transformada. De fato, outros psicanalistas, tais como Jacques Lacan, foram adotados mais facilmente do que Freud, embora não por inteiro nem sem transformações.

Uma explicação simples para o interesse, mas também reticência com relação a Freud, é que ele oferece muito do arcabouço conceitual para a compreensão da importância do inconsciente pelo pós-estruturalismo, mas, por outro lado, permite uma ortodoxia equivocada sobre o conteúdo e a forma do inconsciente. Em suma, *para o pós-estruturalismo, há um inconsciente. Ele importa para qualquer compreensão da consciência, mas não segue o detalhe da abordagem de Freud*, notadamente com relação à sexualidade infantil, na angústia da castração, por exemplo.

A descrição freudiana das pulsões inconscientes é muito importante para vários pensadores pós-estruturalistas. Por exemplo, eles devem muito à distinção feita entre um princípio do prazer (somos movidos a buscar o prazer associado com a diminuição de uma sensação intensa) e uma pulsão de morte (somos compelidos também a buscar as excitações associadas a aumentos destrutivos em intensidade). Contudo, eles criticam Freud quando estas pulsões são explicadas em termos de estados normais associados a gênero ou sexualidade, uma vez que isso contradiz a abertura e variabilidade encontradas em vários pensadores pós-estruturalistas. Não há nenhum estado "natural" fixo, seja para o inconsciente ou para a relação dele com a consciência e o comportamento efetivo.

Essa distinção significa que os pensadores pós-estruturalistas não podem ser vistos como seguidores de especificidades da terapia freudiana, por exemplo, em termos da interpretação dos sonhos. Tampouco podem ser considerados como seguidores de qualquer interpretação determinista da relação entre os atos e neuroses inconscientes e conscientes. Toda a ideia de limite, em suas muito diversas interpretações pós-estruturalistas, funda-se em sua resistência à sistematização em termos de conteúdo ou identidade, ou em termos de sua relação causal com o âmago.

Devido a esse compromisso com a abertura e com uma resistência à definição de limites em termos de identidade, *os pós-estruturalistas são contrários a todas as formas de essencialismo, determinismo e naturalismo*. Por exemplo, em resposta à obra de Freud acerca do inconsciente, não faz sentido falar em sexualidade naturalmente determinada, ou em desvio de uma norma natural (seja ela derivada ou essencial).

A acusação comum contra Freud de que suas visões sobre o inconsciente e sua terapia não têm base científica, portanto, não se aplica ao pós-estruturalismo, já que este não formula postulados científicos sobre o inconsciente ou por uma prática psicanalítica fixa. Isso não significa que a relação entre pós-estruturalismo e ciência seja simples. Será tratada com mais profundidade em vários dos capítulos que se seguem, já que é crucial para muitos dos debates sobre o valor do pós-estruturalismo.

Duas questões importantes surgem neste ponto: a primeira é sobre o método filosófico; a segunda, sobre as metas filosóficas. Se o pós-estruturalismo não formula postulados científicos (empíricos ou racionais), então qual é a base metodológica para suas visões sobre o inconsciente e sobre o papel dos limites? Se o pós-estruturalismo é refratário a todas as formas de determinismo, a normas e a metas específicas, então qual é seu argumento positivo?

Essas questões podem ser colocadas em termos diferentes, que explicam a importância de Kant para o pós-estruturalismo. Quais são os fundamentos para postulados de verdade no pós-estruturalismo? Os pensadores pós-estruturalistas abandonaram a grande tradição filosófica do Iluminismo? O pós-estruturalismo é uma nova forma de dogmatismo? Os pensadores pós-estruturalistas abandonaram toda esperança de reformar ou melhorar o mundo; terão por isso recaído em niilismo?

Respostas a tais questões levam a uma relação ambivalente com Kant. Primeiro, o pós-estruturalismo deve muito ao método kantiano da filosofia transcendental. Este método filosófico investiga as condições necessárias de uma dada intuição. Essas condições não são causas; isso explica a ruptura com o determinismo causal. Ao invés disso, essas condições oferecem os fundamentos necessários e as leis formais das intuições, portanto resistindo aos postulados do relativismo, dogmatismo e niilismo. A filosofia transcendental deduz o arcabouço necessário para que as coisas apareçam como aparecem.

*No pós-estruturalismo os limites podem ser vistos como as condições transcendentais para o âmago.* Isso não significa que os limites causam o cerne, o que os levaria a serem excessivamente determinados, no sentido de serem objetos de conhecimento como outros quaisquer. Os limites não se submetem a leis causais. Não são parte de cadeias de causa e efeito. Ao invés disso, eles são como leis causais, ao invés de causas atuais, ao ficar de fora das coisas a que se aplicam. Eles dão a forma para algo ao invés de terem efeito sobre esse algo.

Isso significa que os limites deduzidos oferecem um arcabouço formal regulatório para o âmago. Ou seja, eles implicam leis ou princípios que se aplicam ao conhecimento e que mudam nossa visão comum do que é conhecido. O pós-estruturalismo tem a ver com a dedução de princípios-limite implicados em dados eventos; por exemplo, na dedução de princípios que contestam afirmações de que o âmago seja puro, final ou absoluto. Contudo, a natureza dos princípios é muito alterada, porque eles se tornam bem mais flexíveis e abertos à mudança. Os princípios se tornam parte de uma prática experimental, ao invés de um guia externo para ela.

Os pós-estruturalistas não podem adotar sem mudar a filosofia transcendental de Kant, já que ela leva justamente ao tipo de conclusões que eles tentam rejeitar, por exemplo, leis éticas universais, ou categorias fixas para o entendimento. A filosofia transcendental de Kant vai longe demais ao fixar as condições para determinadas coisas ou intuições. O problema é, pois: os pensadores pós-estruturalistas podem resistir às conclusões de Kant e, contudo, considerar seu método?

Segundo, os pós-estruturalistas querem manter a natureza progressista do iluminismo de Kant; ou seja, vale a pena lutar por algum bem orientado pelo pensamento. Contudo, os pós-estruturalistas resistem ao específico entendimento de Kant do pensamento enquanto razão e das metas do Iluminismo enquanto liberdade humana dentro de arcabouços legais cuidadosamente definidos. Devemos pensar e agir em prol de um mundo melhor, mas não com uma definição kantiana de razão ou com sua meta de um mundo cosmopolita congraçado sob a bandeira do humanismo.

*O pós-estruturalismo não é uma forma de anti-humanismo ou de irracionalismo.* É uma prática que visa mostrar os limites e problemas do humanismo e do racionalismo, embora mantendo seu viés progressista. As raízes ambivalentes do pós-estruturalismo em Kant levam o primeiro a redefinir as condições do pensamento para além da razão humana e rumo a processos corporais, sistemáticos e estruturais bem mais amplos. Em consequência, esses processos são pensados em termos das condições para suas mudanças e evoluções, ao invés de como entidades fixas e fechadas.

Esta ambivalência também leva o pós-estruturalismo a redefinir as condições da ação para além da liberdade (definida como a condição para ações de um sujeito humano que não são causadas por fatores externos) e rumo à abertura (definida como condição para a novidade radical dentro de sistemas e estruturas bem-determinadas). Ao invés de razão, há processos de pensamento. Ao invés de liberdade, há abertura. Razão e liberdade não são descartadas, mas confrontadas a um *background* mais amplo.

Essa ambivalência e suas consequências não são novas. Questionamentos sobre anti-humanismo e irracionalismo foram levantados contra Nietzsche bem antes do advento do pós-estruturalismo. A forma de suas respostas e de seus ataques aos legados kantiano e platônico são muito importantes para o desenvolvimento do pensamento pós-estruturalista. Três aspectos-chave de sua filosofia se destacam pela influência no pós-estruturalismo:

- Seu método genealógico, como uma crítica a todas as formas de transcendência.
- Sua ênfase na importância do estilo para o pensamento.
- Sua busca de um novo método de pensar as bases metafísicas da filosofia.

A filosofia de Nietzsche permite uma melhor compreensão da prática do pós-estruturalismo como algo que opera criticamente dentro de uma situação, ao invés de impor algo de fora dela. Isso porque Nietzsche ataca todos os valores transcendentes que pretendem uma independência ante as lutas e valorações históricas que os engendram.

É importante distinguir "transcendente" e "transcendental". Um âmbito transcendente é externo, superior e independente. Ele estabelece valores superiores que podem ser aplicados a um âmbito inferior. É como um mundo diferente que nos dá direção, embora mantendo-se independente (um âmbito divino, por exemplo). Uma condição transcendental é interna, diferente, mas não superior, e dependente da determinada intuição de que deriva. Ele dá a forma àquelas intuições, mas não estabelece valores externos. É uma parte diferente, mas inteiramente dependente de nosso mundo.

Para Nietzsche, tudo tem uma genealogia histórica. Tudo se desenvolveu a partir de lutas históricas e tudo continua a se desenvolver. Nada é independente de sua genealogia e todas as genealogias se entrelaçam. Assim, todas as coisas são parte do mesmo âmbito, isto é, são imanentes, ao invés de algum ser transcendente. Este é um dos legados mais fortes dos pensadores pós-estruturalistas. *Para o pós-estruturalismo, os valores são necessariamente imanentes e verdades externas abstratas são ilusões.*

Uma consequência importante deste compromisso com a imanência é que o âmbito no qual todas as coisas ocorrem – o âmbito no qual tudo é imanente – não pode, ele próprio, ser perfeitamente bem-ordenado. Ele não pode ter um centro e uma periferia bem-definidas, ou uma ordem fixa de medidas e prioridades. Isso porque tal sistema de ordenamento e mensuração seria transcendente ao mundo ao qual se aplica. Ao invés disso, o âmbito varia segundo as perspectivas relativas de diferentes agentes e pensadores. *Para o pós-estruturalismo, a verdade se torna uma questão de perspectiva ao invés de uma ordem absoluta.*

Isso significa que o estilo, como expressão inovadora de uma perspectiva individual, torna-se muito importante porque acaba por substituir as verdades e formas de racionalidade universais. Isso não é estilo no sentido de modos diferentes de fazer algo, como em diferentes escolas de pintura, por exemplo. É estilo no sentido de uma expressão de individualidade.

O estilo é o que diferencia um indivíduo. Deve sempre ser algo novo, dinâmico e distintivo, para que resista a medidas e ordens estabelecidas. Deve ser algo que comunica individualidade sem lhe impingir transparência absoluta, já que isso seria recair na ilusão da comunicação perfeita e das verdades universalmente acessíveis.

Isso tem dois resultados nas obras pós-estruturalistas. Primeiro, *os pensadores pós-estruturalistas tendem a fazer experimentações com o estilo em termos de escrita e de métodos.* Isso não significa necessariamente que eles sejam exemplos de "bom" estilo ou de "elegância" em algum sentido bem-definido. Ao contrário, a demanda por inovação e por comunicação enquanto expressão individual frequentemente faz as obras pós-estruturalistas extremamente difíceis, embora muito recompensadoras e sedutoras.

Em segundo lugar, o estilo nas obras pós-estruturalistas é deliberadamente refratário a uma perfeita compreensão e deliberadamente exigem diferentes reações segundo a perspectiva. *As obras pós-estruturalistas convocam variedades de interpretações diferentes e resistem a significados últimos e comunicáveis universalmente.*

A doutrina de Nietzsche da vontade de poder (tudo é vontade de poder e nada mais) oferece um exemplo do tipo de explicações necessárias para justificar afirmações acerca de múltiplas perspectivas, da necessidade da genealogia e da ausência de quaisquer valores transcendentes. Todas as coisas são incessantes processos, como lutas entre diferentes vontades de poder, entre diferentes valores, diferentes modos de vida e entre diferentes formas de vida. Nenhuma ideia pode subsistir fora dessas lutas.

Muitos pós-estruturalistas seguem a explicação de Nietzsche, seja para oferecer uma metafísica mais ampla (Deleuze, Lyotard, Foucault) ou para começar a delinear novos conceitos capazes de dar conta de diferenças refratárias à identificação e oposições (Derrida, Kristeva).

Uma série crucial de questionamentos feitos às interpretações nietzscheanas incomoda o pós-estruturalismo. Qual é o *status* das explicações dos processos da vontade de poder e da pura diferença? Elas envolvem afirmações definitivas sobre a natureza de todas as coisas? Ou são especulações e ficções designadas a provocar o pensamento, mas não para fazer afirmações finais da verdade? Se os pós-estruturalistas fazem tais afirmações finais, isso não contradiz suas visões sobre os limites do conhecimento? Se não fazem tais afirmações, eles não estarão apenas sugerindo teorias falaciosas, que não merecem mais crédito do que a ficção científica?

## Ciência, arte e valor

Teorias científicas e as descobertas e dados mais detalhados da ciência empírica hoje dominam nossas visões de nós mesmos e do mundo. Eles também têm o protagonismo de apresentar as situações às quais devemos reagir e como podemos reagir a elas. Conforme respondidas pelas ciências, as questões "O que são os fatos?" e "Como podemos predizer o que acontecerá?" guiam nossas ações rumo ao futuro, por exemplo, em termos da decisão sobre o uso de recursos energéticos ou sobre o combate de novos vírus.

Ainda assim, a despeito deste predomínio, o pós-estruturalismo não está focado prioritariamente no modelo da ciência em termos da compreensão e da orientação do pensamento. Ao invés disso, critica e reage a esse modelo, por vezes, até mesmo ignorado em favor de modelos mais estéticos. *Para o pós-estruturalismo deve-se resistir ao predomínio do modelo das ciências e do conhecimento científico.*

Essas observações suscitam uma série de graves objeções contra o pós-estruturalismo. Em primeiro lugar, em termos de método.

- Não é o caso de a ciência prover o paradigma para os métodos, em termos de descoberta e rejeição de verdades e construção de teorias?
- As teorias pós-estruturalistas não deveriam ser falsificáveis mediante contraevidência, do mesmo modo que teorias científicas?
- Não deveriam elas serem submetidas às mesmas exigências de consistência que as teorias científicas?

Em segundo lugar, em termos de conteúdo:

- Não é o caso de a ciência, e não a arte, prover os dados que devemos usar para entender o mundo?
- O pós-estruturalismo não deveria seguir as últimas descobertas científicas e usá-las como base adequada para a reflexão?

- Não é um erro tomar visões caducas ou não empíricas do mundo como base da ação?

Em suma, a acusação é de que, ao ignorar as descobertas científicas, o pós-estruturalismo dissemina uma falsa visão do mundo. É também que, ao ignorar o método científico, ele abraça teorias que não são passíveis de serem construídas com base em evidências ou refutadas por estas.

As respostas a essas importantes críticas começam pela observação de que os pós-estruturalistas estão cientes do predomínio das teorias, descobertas e métodos científicos. Contudo, eles são críticos deste predomínio porque definem o pensamento como um processo que caminha com, mas também independentemente, da ciência. Nesta chave, o pensamento está no limite da ciência e vai além dela, permitindo uma perspectiva mais profunda sobre ela.

*No pós-estruturalismo a vida não deve ser definida apenas pela ciência, mas pelas camadas de história e criações futuras capturadas em sentidos mais amplos da linguagem, do pensamento e da experiência.* Isso explica por que os pós-estruturalistas não gastam muito tempo com as ciências. De fato, *quando eles resistem e criticam tentativas de uma visão científica da linguagem, os pós-estruturalistas levantam uma questão mais ampla acerca da ciência e de seus limites.* Além disso, o futuro do pensamento não pode ser guiado apenas pela ciência. Nossos desejos, atos e pensamentos têm dimensões extracientíficas valiosas. Essas dimensões são uma parte importante de um senso completo da vida. A ciência não pode operar independentemente desta parte e não o faz mesmo quando afirma fazê-lo. Muitos argumentos pós-estruturalistas são reações à abordagem tecnológica da vida que caracteriza a ciência (quando feita abstratamente ou sem imaginação). Eles enfatizam influências subestimadas e ocultas em ação dentro da ciência.

Para desenvolver esses argumentos, os textos pós-estruturalistas não podem se restringir a uma visão ou metodologia científicas. Ao invés disso, abordam outros textos com relações com a ciência, tais como obras da história da filosofia, obras de arte e obras literárias. O que se pretende é mostrar que há verdades diferentes dos fatos científicos. Tais verdades têm um papel a desempenhar com relação à ciência, por exemplo, mediante uma crítica de abordagens tecnológicas do mundo ou por alternativas à lógica dos métodos científicos.

*Os pós-estruturalistas não são anticiência ou antitecnologia; ocorre que eles veem dimensões importantes que não podem ser contempladas de dentro da ciência.* Diferentemente de posições similares, contudo, o pós-estruturalismo não advoga âmbitos que sejam completamente separados da ciência, como se houvesse um âmbito para a ciência e outro para a ética ou a estética, por exemplo. Antes, a tese crítica de que os limites do conhecimento estão no cerne dele é aplicada às teorias científicas e às teorias sobre metodologia científica. A ciência não pode justificar postulados de objetividade ou de uma maior veracidade, já que os fundamentos de tais postulados são, eles próprios, sujeitos à crítica ou à desconstrução em termos de seus limites. Não há um fundamento puramente científico para a justificação da ciência.

As teorias e fatos científicos devem, pois, ser vistos como parte de um leque muito maior de teorias e críticas extracientíficas, em particular, em termos da impossibilidade de teorias e verdades definitivas. A suposição de que a ciência é o juiz dos fatos e o principal paradigma de método são submetidas, com o pós-estruturalismo, ao escrutínio em termos de suas pressuposições e exclusões. Aqui, "extracientífico" deve ser entendido como além dos limites de definições restritivas de ciência em termos de método, em termos de relações com verdades e em termos de formas de evidência e lógica. É bem possível definir o pós-estruturalismo como empírico, contanto que não se imponham limites predeterminados à experimentação. Este ponto é importante, já que de outro modo a reivindicação de algo "extracientífico" contradiria a insistente crítica pós-estruturalista a oposições e limites fixos.

*No pós-estruturalismo a suposição de que o método científico seja de algum modo algo puro ou objetivo é contrastada com valores ainda em vigência nesta suposição.* Por exemplo, a linguagem da ciência e as formas utilizadas para justificá-la são analisadas por falsos pressupostos com respeito a narrativas de progresso (Lyotard), a neutralidade ética ou epistemológica (Foucault, Kristeva) ou a liberdade ante uma metafísica implícita (Derrida). Este questionamento não implica uma rejeição da ciência em si. Implica uma rejeição do predomínio da ciência, ou, talvez mais acuradamente, de uma certa imagem de ciência, especialmente onde ela se torna seja um árbitro dos valores (por exemplo, em termos de moralidade) ou onde ela se proclama isenta de valores (por exemplo, como sendo capaz de dar determinações axiologicamente neutras das essências ou vida humana e animal).

A atração pela arte no pós-estruturalismo é, pois, pelo modo como a arte está aberta a diferentes sensos de valor. Ela o faz pela complexidade da arte, ou seja, pelo modo como ela permite múltiplas interpretações e respostas criativas. Ela o faz também exibindo o modo pelo qual o valor é criado ao invés de ser essencial, predefinido ou explicável por evolução natural.

A arte oferece material para uma reflexão prática sobre a relação de diferentes tipos de conhecimento com o poder subversivo de seus limites (Foucault dá exemplos históricos disto na pintura e na arquitetura, por exemplo). A rica variedade de ideias e sensações encontradas numa única obra de arte vai além da compreensão científica, tanto da obra quanto de seus conteúdos ideais e emocionais.

Obras de arte envolvem formas de experiência que mostram os limites dos modos estabelecidos de compreender e de valorar ambientes e experiências (Lyotard e Deleuze estão interessados no modo como isso se dá na pintura e no cinema, por exemplo, com respeito a experiências de espaço, tempo e memória. A relação da arte com o inconsciente mostra os limites da consciência e do *eu* (na obra de Kristeva). As obras de arte mostram como o significado é sempre excessivo e refratário a padrões ou métodos definitivos de interpretação (as desconstruções de Derrida operam nisto).

*O pós-estruturalismo vai além da crítica de arte ou de teorias da arte para se tornar parte dos processos artísticos.* No pós-estruturalismo não há valorações externas do que é bom ou mau em arte, ou sobre o que a arte é e não é. Ao invés disso, as obras de arte se tornam parte de reflexões filosóficas mais vastas, nas quais os estilos de pensamento, problemas filosóficos e obras de arte interagem para transformar e ampliar os problemas. Isso explica por que o pós-estruturalismo tem uma rica relação com a arte: na arquitetura, na literatura, nas belas-artes, por exemplo. Todos os pensadores estudados aqui desenvolveram tais relações frutíferas para a arte e para o pensamento. *A obra pós-estruturalista é em si mesma, frequentemente, parte de um processo estético criativo e um estímulo a criações ulteriores em arte.*

### Capitalismo e democracia

As obras pós-estruturalistas são uma atividade radical, neste sentido de um processo ativo destinado a mudar situações e desenvolvê-las (mas sem normas, valores e verdades fixas). Desse modo o pós-estruturalismo é político. Ele muda nosso mundo e nossas visões de mundo num amplo leque de situações, por exemplo, em termos de nossas relações com nossos corpos, em termos de sexualidade, gênero, relações com os outros, e em termos de nossas relações para com o ambiente e o inconsciente.

Isso não significa que o pós-estruturalismo é uma forma fixa de política no sentido mais estrito de governo e poder em organizações sociais. Um aspecto-chave do pós-estruturalismo é mostrar que o poder não se limita a essas organizações. Isto se aplica aos limites do governo, que vão bem além das leis e estruturas políticas, e aos limites do poder entendido não só como poder sobre os outros, mas também como um poder de modificar a si mesmo e situações mais amplas a partir de dentro.

Por exemplo, Foucault rastreia o poder político a partir do desenvolvimento histórico das práticas e instituições médicas, da forma dos edifícios e das tecnologias da visão e do biopoder (o modo como o poder opera por manipulações biológicas dos corpos). Ele também, contudo, rastreia o poder estético de nos fazermos e desfazermos como sujeitos e caracteres. Lyotard descreve o poder das ideias, tais como a imagem de uma possível exaustão dos recursos naturais e o sonho correlato de um mundo novo. Kristeva descreve a força revolucionária das obras literárias. Deleuze insiste no poder da criatividade aberta. Derrida mostra a influência de diferentes metáforas, tais como a metáfora da luz, e seu impacto nas formas de pensar.

A extensão do político a uma gama mais ampla de processos de mudança radical é uma das grandes realizações do pós-estruturalismo. Foi possível pela crítica filosófica das formas hegemônicas de conhecimento e poder, uma vez que se mostra como elas são diluídas por formas criativas bem mais amplas e mais libertadoras, impossíveis de serem identificadas de uma vez por todas.

A política pós-estruturalista é um abrir-se de situações e estruturas muito diversas para novas possibilidades escondidas sob aparentes fixidades. Isso explica a suspeita pós-estruturalista quanto ao termo "possibilidade" e a preferência pelo termo "virtual". Possibilidades imaginadas são sempre restrições baseadas no que já conhecemos, por isso é importante definir o futuro em termos de um virtual que não o restringe mediante possibilidades e probabilidades fixas. Isso é liberdade definida como uma abertura criativa ao desconhecido, ao invés de uma escolha entre diferentes opções.

Dois eventos históricos são emblemáticos sobre este modo de pensar o político. O primeiro é o enfraquecimento dos movimentos políticos marxistas tradicionais, em parte pela compreensão mais ampla do fracasso e da repressividade dos regimes soviético e maoista na década de 1960, e em parte pelo fracasso dos movimentos revolucionários (por exemplo, na Argélia).

O pós-estruturalismo é pós-marxismo e pós-maoismo, mas é profundamente devedor de Marx. Todos os pós-estruturalistas aqui tratados insistiram que eles continuam com o espírito da obra de Marx como um movimento de esquerda, como um combate pelos marginalizados, pelos explorados e os destroçados. Mas, igualmente, eles resistem a definições fixas da sociedade, das estruturas políticas e dos movimentos revolucionários que provêm do marxismo-leninismo ou do maoismo. *O pós-estruturalismo rompe com o marxismo, mas trabalha com Marx.*

O segundo emblema é o movimento revolucionário de maio de 1968, com sua espontaneidade e ausência de unidade ideológica ou organizacional centralizadora. Maio de 1968 pode ser interpretado como mostrando que um diferente tipo de resistência e de revolução é possível: uma revolução que opera por meio de diferentes estruturas e corpos, abrindo-os a novas possibilidades libertas de direções ideológicas e lógica política estabelecida. *Como um herdeiro de 1968, o pós-estruturalismo defende a espontaneidade, fluidez e abertura nos movimentos políticos de resistência*; a *revolução do desdobramento dos limites se estende a estruturas e metas revolucionárias.*

Dois tipos gerais e correlatos de críticas emergem dessas relações com o marxismo e com maio de 1968. O primeiro acusa o pós-estruturalismo de ingênuo com relação à ação política; ela pode ser feita desde dentro de posições políticas liberais ou por marxistas mais tradicionais. O segundo acusa o pós-estruturalismo de fracassar em compreender a natureza repressiva do capitalismo e a necessidade de se opor com alternativas.

A crítica liberal se relaciona com a discussão de Kant e do Iluminismo apresentada acima. Ao buscar sublinhar os limites e falhas nos direitos humanos e nas instituições democráticas, o pós-estruturalismo pode ser acusado de fracassar em compreender que a democracia e os direitos humanos são o único meio de resistir ao mal, à ignorância e à injustiça. A ação política deverá se centrar no aprimoramento e extensão da democracia guiada por uma defesa dos direitos humanos. Negar isso é, a longo prazo, aliar-se ingenuamente com o mal e a repressão. Entretanto, *é um erro ver o pós-estruturalismo como opositor da democracia e dos direitos humanos*. A oposição é a proclamação final da superioridade de específicas instituições democráticas e direitos humanos. Eles deveriam ser criticados ou trabalhados não com a esperança de os eliminar, mas sim de aprimorar nossas estruturas políticas.

A ideia é de que toda democracia ou leque de direitos estabelecidos escondem relações de poder e de dominação que precisam ser alvo de resistência e de crítica.

*Para o pós-estruturalismo qualquer democracia ou leque de direitos devem estar abertos a novas possibilidades e revitalizados, de fato transformados radical e arriscadamente.* Mas para o pós-estruturalismo este risco para a democracia deve ser assumido como a mais aberta forma de governo disponível. É para "uma democracia por vir", segundo a expressão de Derrida em sua *Política da amizade*. Há, assim, uma recusa em cair em modelos de pensamento que digam "ou você defende esta democracia ou esta decisão democrática incondicionalmente, ou você é contra a democracia". Tais modelos depreciam o pensamento e a filosofia. Manter a democracia viva por meio da transformação criativa é uma parte fundamental da política do pós-estruturalismo.

Se há uma crítica desta visão, ela vem de uma visão marxista mais radical de que esta crença na abertura fracassa em perceber o esmagador poder do capitalismo e sua relação com a democracia falida. Desta perspectiva os pós-estruturalistas são ingênuos em acreditar que há espaço para resistência sob os marcos do capitalismo e da democracia liberal. Ao invés disso, deveria haver uma luta por uma economia pós-capitalista e por uma forma de governo pós-liberal.

A resposta pós-estruturalista para esta dupla acusação de ingenuidade e resignação tem ela própria duas partes. Primeiro, o pós-estruturalismo não autoriza a forma utópica de argumentação. Não há nenhum estado prometido e de algum modo livre de todos os males do capitalismo. As diferentes estruturas econômicas são interligadas e as formas de repressão encontradas em cada qual podem ser encontradas em todas, em diferentes graus. *O pós-estruturalismo envolve uma crítica da política utópica e uma reflexão sobre como manter o desejo por um mundo melhor sem uma imagem fixa do que este mundo deveria ser.*

Segundo, os pós-estruturalistas enfatizam os lugares no capitalismo onde ele se abre contra suas tendências mais repressivas, tais como a invasão e aceleração do tempo pelo lucro, ou a destruição de valores profundos em nome da equivalência. Há lugares para resistência a essas tendências, em particular em termos da criação de novas formas de vida e relações que são tão necessárias ao capitalismo e à sua sede de crescimento quanto destrutivas de suas piores propriedades. Isso não é se resignar ao capitalismo; é forçá-lo a mudar com uma política de esquerda, de novo definida como uma política por limites em permanente transformação. *O pós-estruturalismo não promete um estado puro, livre dos males atuais; ele defende trabalhar pelas aberturas nos estados atuais para lhes permitir mudar nos e pelos seus limites.*

Por exemplo, onde um postulado cultural ou político fracassou em ser reconhecido como tendo qualquer valor ou legitimidade, será o caso de achar caminhos para expressar o valor e legitimidade dele. Onde novas formas de pobreza, alienação e exploração emergem, a luta será para forçar as estruturas a se abrirem a novos modos de eliminá-las. Mas isto não é sonhar com uma estrutura onde elas não existam de nenhum modo. *O pós-estruturalismo é compatível com o ativismo, mas não com estados utópicos.*

## Os limites do humano

*O pós-estruturalismo é um conjunto de experimentos acerca de textos, ideias e conceitos que mostram como os limites do conhecimento podem ser atravessados e revertidos em relações subversivas.* O leque de áreas para essas aplicações é muito grande. Vai dos longos estudos com Foucault, passando pelas desconstruções de textos em Derrida, aos estudos de Kristeva sobre obras de arte e linguística, aos estudos de estruturas e sensações em Lyotard, à criação de novos conceitos filosóficos em Deleuze.

Por exemplo, se tomarmos os lugares ocupados por um ser humano (seu corpo, sua consciência, sua mente e ideias, alma e coração), os pensadores pós-estruturalistas romperam cada um desses espaços para mostrar como qualquer determinação de um espaço puro, absoluto, não se sustenta. A pele não é uma borda rígida entre um dentro e um fora, mas um conjunto permeável de passagens que conectam o interior com um infinito leque de relações causais e mais amplas. Estamos conectados com as estrelas mais longínquas e elas estão em nós.

O nascimento e a morte dos corpos, ou das mentes conscientes, não conseguem delimitar um puro espaço de uma vida humana. Ambos são processos que envolvem continuidade genética, continuidades de ideias e de linguagem, de sociedades e de mundos. Isso não significa que não haja algo como uma vida humana, ou que ela não seja valiosa. Significa que a vida não é um absoluto e que as bordas não são a maior certeza sobre a qual se poderiam construir sistemas de verdades. Os seres humanos não morrem, se isso for compreendido como acabar, finalmente, uma vez por todas, num ponto particular no espaço e no tempo. Eles tampouco nascem, se o nascimento for considerado um ponto absoluto.

Nem há uma certeza final em uma mente humana conter uma ideia como a de que "eu penso". Tal ideia tem lugar em um extenso e sempre mutante tecido de usos linguísticos e criatividade no qual "eu" e "penso" mudam segundo diferentes relações com outras palavras. Com elas, a ideia muda. Ela tem uma história e um futuro que podem mudá-la anulando suas relações com ela. O que eu penso agora muda a significância do que eu pensava então: não foi independente.

Nem há nenhuma certeza final nos limites das propriedades humanas de gênero, ou sexo, por exemplo. Quando tomamos a presença de um cromossomo como o árbitro de uma verdade final, perdemos a extensão dessa finalidade, não apenas em termos dos significados sociais, políticos e éticos do sexo e gênero, mas também como parte de uma série muito maior e entrelaçada de relações genéticas.

A associação do cromossomo com as palavras "masculino" e "feminino" já mina a certeza de sua presença mediante os significados e significâncias mutantes das palavras. A percepção de qualquer fato dado "aqui é Y" é já uma muito ampla e complexa situação de "Y", de "aqui" e de "é" em estruturas de variadas diferenças (de significância, interpretação, sentimento). Y é inseparavelmente conectado a todas as coisas que são diferentes dele; até o ponto onde elas são constituídas de Y e onde ele não tem existência independente significativa. Um fato não pode fugir de sua história, de seu significado e de seu futuro; não existe independentemente deles. Esta afirmação pós-estruturalista se estende à identidade pessoal (o si mesmo não pode ser abstraído de seu *background*) e à mente (a mente se estende a processos para além dos conteúdos de uma mente ou cérebro particulares, e sua extensão é tanto externa – fora da mente e do corpo – quanto interna – profundamente dentro das condições inconscientes que os determinam).

Talvez, contudo, possamos afirmar com o estruturalismo que verdades mais seguras estão nas estruturas do que em fatos individuais, conteúdos de uma mente individual ou um evento particular. Ser humano é ter um conjunto de relações diferenciais com outras entidades; ser um animal de certas formas, mas não em outras, encaixar-se num leque de relações sociais, inclusões e exclusões, usar linguagem deste ou daquele modo. Embora mutantes ao longo do tempo, as estruturas nos dariam uma relativa apreensão de significado e verdade. Podemos concordar que, neste ponto, o humano significa V em relação a X, Y, Z. Os pensadores pós-estruturalistas não negam este tipo de verdade, mas lhe enfatizam a relatividade. Como pode a sentença "neste ponto" ser definida sem prejulgar a questão? O ponto muda com as situações e problemas individuais. Há eventos que resistem à inserção em estruturas exatamente por forçarem as estruturas a mudar.

Esses eventos são tão importantes para decidir a significância do humano quanto o são as aparentemente estabelecidas estruturas. O "humano" é uma rede de múltiplas variações e evoluções. O papel do pensamento é conduzir e responder a essas evoluções, tanto quanto mapear os estados mais fixos em que elas têm lugar. A fixidez é sempre uma convenção ou ilusão necessária, ao invés de uma verdade profunda. Ou talvez possamos afirmar que as ciências empíricas oferecem uma base de teorias transitórias, mas consistentes que nos dá a melhor ideia disponível do "humano". O significado de "humano" deve ser determinado por um conjunto de ciências num tempo determinado, aberto a revisão, mas apenas por métodos científicos racionais bem-definidos.

Não há no pós-estruturalismo nenhuma oposição a essa visão da importância das ciências empíricas, exceto pelo postulado de valor em melhor e as afirmações normativas "deve ser" e "apenas por". Os pensadores pós-estruturalistas frequentemente confiam nas ciências e modelam partes de seus trabalhos em ciências empíricas, mas eles resistem e buscam alternativas à visão de que a ciência é um árbitro definitivo, ou mesmo o juiz final das verdades.

Os limites da ciência – em termos do que é excluído e pressuposto por qualquer ciência dada – são fatores importantes para trabalhar com um conceito como o "humano". Não é só que a literatura, a arte e a filosofia, bem como as teorias científicas "caducas", têm papéis importantes a desempenhar em termos da determinação científica do significado ao "humano"; é que elas têm um papel constitutivo positivo a desempenhar. O "humano" é sempre mais do que é determinado pela ciência. A determinação científica do "humano" é sempre o produto de pressupostos extracientíficos.

# 2

# O pós-estruturalismo como desconstrução
*Gramatologia*, de Jacques Derrida

## O pós-estruturalismo como desconstrução

A *Gramatologia* (*De la Grammatologie*) de Jacques Derrida foi publicada pela primeira vez na França em 1967. É o livro mais ostensivamente pós-estruturalista a ser analisado aqui, já que sua primeira parte lida explícita e minuciosamente com teorias estruturalistas da linguagem nas obras de Ferdinand de Saussure e Roman Jakobson, entre outros. Contudo, na *Gramatologia*, como alhures, a desconstrução opera por dentro daquilo a que ela sucede. O significado de "pós" em pós-estruturalismo é, pois, não um "depois" definitivo no sentido de um obstáculo agora ultrapassado. Ao invés disso, o "pós" significa "com, mas também diferente". A desconstrução é ainda estruturalismo, mas aberto e transformado.

Esta transformação tem lugar mediante um solapamento das pretensões mais fundamentais do estruturalismo a verdades absolutas, por exemplo, no que se refere à prioridade da fala sobre a escrita. Mais amplamente, a *Gramatologia* desenvolve a desconstrução por Derrida da fenomenologia de Husserl (desconstrução iniciada na introdução de Derrida, em 1962, da *Origem da Geometria* de Husserl). Ela também se estende à crítica da "presença" na fenomenologia, e da natureza e essência nas teorias estruturalistas da linguagem, na obra de Jean-Jacques Rousseau.

O pós-estruturalismo deve ser pensado como desconstrução, e não o contrário. Isso porque o pós-estruturalismo é nada mais que o conjunto de obras que vieram a defini-lo. Não há nenhuma definição isolada do pós-estruturalismo. Isso explica por que ele foi introduzido aqui em termos de uma forma muito elementar (o desdobrar-se de limites sobre o conhecimento) e uma série de propriedades positivas e negativas.

A *Gramatologia* é uma das obras-chave que definem o pós-estruturalismo. Enquanto tal, ela permite uma série de relações com outros textos pós-estruturalistas, como *Discours, Figure* de Lyotard (um livro que se pretende como desconstrução, embora tome certa distância dela também). Essas relações permitem ao pós-estruturalismo aparecer, mas ele não tem nenhuma existência independente delas, exceto como o tolo e frouxo *ismo* que emerge mais de um ouvir dizer do que de um estudo detido. Contudo, um primeiro passar de olhos na dificuldade e originalidade da obra de Derrida surge com a ideia de uma seleção de livros-chave e obras-primas. Uma tipicamente divertida gargalhada derridiana pode ser ouvida no equívoco de pensar que não temos senão a grande obra como uma expressão dos pensamentos do mestre.

Segundo seus próprios argumentos, *nem o livro nem o autor existem como uma entidade absolutamente independente; ao invés disso, a* Gramatologia *é um recorte de uma série infinita de textos assinados por Derrida e por outros*. Derrida é parte desta série, não independente dela. Ele está ali em suas mãos. Quando você escreve, você participa da série de textos, não adicionando um bloco separado, mas transformando o infinito tecido dos textos. Este argumento explica por que a obra de Derrida pode ser muito difícil de ler numa primeira tentativa. Se estamos acostumados a sentenças e parágrafos curtos e herméticos, então os seus longos períodos podem ser difíceis de seguir e ainda mais difíceis de serem decompostos em ideias separadas. Isso porque a própria ideia deste tipo de separação é contestada na *Gramatologia*.

Há pelo menos quatro estratégias gerais bem distintas para responder a esta dificuldade. Elas permitem respostas à frustração seja de procurar em vão descobertas e conclusões centrais, seja tentar manter juntas todas as ideias de uma dada sentença ou parágrafo, apenas para perdê-las por seu grande número e complexidade. As estratégias não são mutuamente excludentes; de fato, elas talvez rendam mais quando juntas. Vale a pena notar que a definição do pensamento como algo estratégico, no sentido de algo que responde a e transforma uma situação particular, é uma importante característica em comum nas obras pós-estruturalistas.

De acordo com a primeira estratégia é útil abordar a obra de Derrida a partir dos textos que ele está desconstruindo. Ele é um dos melhores leitores de outras obras, no sentido do mais detalhado e sensível. Derrida está sempre buscando a melhor fonte da força argumentativa em qualquer obra, mas também está sempre preocupado com importantes desvios, sutilezas e diferenças.

Há uma tradução francesa de exercício acadêmico intitulado *explication de texte*: ou seja, a leitura muito acurada de um texto em termos de sua coerência interna, implicações, estilos e significados, bem como suas raízes filosóficas e textuais, conexões e contrastes. É uma técnica de leitura iniciada há muito tempo nas escolas francesas e adotadas nos mais altos graus acadêmicos. O foco é na interpretação, na situação e na descrição esclarecedora, mais do que na crítica, classificação e julgamento. A *explicação* ensina a leitura lenta, sensível, lógica e confiável. Ela pode apresentar fraquezas por não encorajar respostas críticas rápidas ou transformações criativas, o que pode, porém, ser compensado por um cuidado respeitoso, atencioso e precavido por textos de grande poder e riqueza. Quanto mais forte o texto, maior o valor de uma *explication*[1]. Uma tradição baseada em objeções críticas rápidas pode propiciar argumentos demolidores e refutações rápidas e fáceis, mas a tradição da *explication* é indicada para se extrair o melhor de seu material, isto é, para além de suas óbvias falhas (e suas igualmente óbvias réplicas).

Os livros e artigos de Derrida são modelos de *explications* poderosas. Suas obras são mais sensíveis a variações, melhores em perseguir implicações lógicas mais adequadas para capturar diferentes significados implicados nos textos do que a maioria das leituras destes mesmos textos. Ele escreve para ampliar o conhecimento, e não para quem busca rápidas e incisivas verdades e julgamentos. Isso significa que ele leva a tradição a um outro nível. Isso vai além de uma iniciação à grandeza do passado, descobrindo seus desastres ocultos e potencial futuro. Sua leitura é, ao mesmo tempo, rigorosamente fidedigna a um determinado texto, mas também, frequentemente, um desenvolvimento devastador de elementos inesperados. Isso porque uma *explication* poderosa deve ir além de seu texto, uma vez que intencione achar seus pontos fracos, mas em relação com suas forças. As leituras de Derrida refletem sobre os diversos argumentos de determinados textos, em termos de seus pressupostos e extensões escondidos; isso expande o texto em outros textos e altera as relações intencionadas entre suas premissas e conclusões, e entre suas teses e demonstrações.

Uma boa aproximação à *Gramatologia* é assim por uma curta seção do texto que Derrida está comentando (Rousseau ou Saussure, por exemplo). É útil perguntar "O que está acontecendo?" (a Rousseau, Saussure, Husserl) numa dada seção da *Gramatologia*, ao invés de fazer a pergunta – menos sutil e mais problemática – de "sobre o que é este livro?" *A desconstrução são processos contínuos, ao invés de descobertas fixas.*

---

1. Em francês no original [N.T.].

Evitando a crítica desdenhosa e o resumo redutor, o pós-estruturalismo como desconstrução é um estilo de escrever lendo outros textos. Derrida sempre trabalha de um modo detalhado em seções tomadas de outros livros, ensaios e artigos, daí as citações muito longas e extensas notas de rodapé em suas publicações. Suas leituras perseguem os argumentos principais e aparentemente insignificantes detalhes e observações, para mostrar como eles formam longas cadeias articuladas. Isso leva a e parte de afirmações a serem desconstruídas (tal como a sentença "a fala é a origem da escrita", por exemplo). Ao mesmo tempo em que segue esses argumentos, a *Gramatologia* mostra como eles são minados ou alterados, ou invertidos. Por exemplo, Saussure fia-se na prioridade da fala sobre a escrita, mas também nos dá os recursos para negar essa prioridade junto com os contra-argumentos para isso.

Em termos gerais, Derrida mostra como Saussure está comprometido com uma relação pesadamente determinada entre fala e escrita. Mas Saussure está também comprometido com a noção da arbitrariedade do signo. Ou seja, aquilo que percebemos (o significante) e o significado que compreendemos (o significado) não têm entre si uma relação necessária. Um significante diferente poderia ser atado a este mesmo significado. O significado não tem de ser percebido a partir de um dado significante (qualquer significante é vazio antes de se tornar parte de um signo). Isso deve ser verdade para a relação da fala com a linguagem. Portanto, a relação não pode ser determinada nas muitas maneiras defendidas por Saussure, por exemplo, privilegiando uma linguagem fonética.

*Portanto, a desconstrução não é uma forma de relativismo.* Não é que vale qualquer leitura. Bem ao contrário, a mais rigorosa leitura (e escrita) é necessária para achar as interdependências essenciais e as afirmações e fundamentações mais absolutas. Este rigor argumentativo deve ser acompanhado por um rigor erudito e uma inventividade cuidadosa que encontra as partes menores e excluídas de um texto. Mostra-se então como estão colocadas em jogo, alterando o argumento maior. *Como uma leitura fidedigna, a desconstrução é uma forma de positivismo textual.*

Na *Gramatologia* os maiores argumentos operantes nos textos são descritos como metafísica, ela própria definida como ontoteologia. Esses são termos complexos e serão examinados mais adiante neste capítulo. Contudo, um primeiro aspecto de seu significado é que as afirmações e métodos científicos literários e filosóficos pressupõem um determinado estado do mundo: a metafísica.

Esta metafísica, segundo a *Gramatologia*, tornou-se predominantemente ontoteológica. Ou seja, o mundo é pensado em termos de entes e essências fixas, definidas em termos de diferenças identificáveis. Essas diferenças são postas num sistema de valor que se assemelha a distinções teológicas em suas, a princípio invioláveis, pressuposições e suas categorias de bem e mal, contra e pró-natureza, salvo e decaído, "deste mundo" e de Deus. Esses valores e diferenças assim guiam as relações com o futuro. Os atos são pensados como guiados por fins específicos, definidos nos termos da metafísica. Este é o aspecto teleológico, ou finalístico, da metafísica. Por exemplo, uma teoria pode ter pressuposições sobre a superioridade dos valores ocidentais. Elas implicariam uma metafísica que distinguisse a razão ocidental das outras, valorizando aquela e caricaturando como equívocos estas últimas. Metas para a ação seriam estabelecidas segundo os valores ocidentais, por exemplo em termos de conversão.

A obra de Derrida é particularmente preocupada com estes pressupostos não examinados, com a relação deles com distinções fixas, e com a suposta bondade e naturalidade das metas daí decorrentes. Assim, essa obra tem um papel crítico importante, no sentido de solapar falsas pretensões à verdade absoluta. Em consequência, não é necessariamente a suposição inicial que é criticada (por exemplo, a razão ou uma presunção científica específica). Ao invés disso, o *ba-*

*ckground* metafísico é desconstruído. Revela-se e mostra-se que ele depende de pressupostos que contradizem outras partes da teoria. Mostra-se também que ele é solapado em suas pretensões a verdades puras, por exemplo, mediante sua dependência de metáforas não examinadas (de luz e visão, por exemplo).

*A desconstrução explicita um* background *metafísico e seu papel inquestionado na força de afirmações que dependem dele.* Desse modo, uma boa estratégia de leitura da *Gramatologia* é percorrer o caminho que leva das afirmações a seus pressupostos metafísicos. Então, é examinar como esses pressupostos são abalados por tais afirmações. É frequente uma forma fortemente tradicional e lógica de desconstrução: ela descobre argumentos circulares e aponta contradições.

Para perseguir essas relações entre determinadas alegações filosóficas e científicas e sua metafísica subjacente, Derrida cria ou revigora uma série de palavras que se tornaram cruciais para compreendermos a desconstrução. Essas palavras são importantes porque elas têm que permitir o trabalho crítico e transformador da desconstrução, sem suscitarem, elas próprias, uma nova metafísica. Uma outra estratégia útil de leitura é assim tentar compreender como essas palavras funcionam. Isso será feito aqui por meio das palavras "presença", "rastro", "origem", "jogo" e *"différance"* (com um "a"). Há dois riscos interessantes associados a esta estratégia.

O primeiro risco é admitir que possamos chegar a uma definição final desses termos. Isso contraria o modo como elas mudam quanto ao contexto em que elas trabalham. Isso também levaria a uma metafísica derridiana, ao menos por uma série de mudanças negativas que implicariam uma dada ordem do mundo e uma específica identidade (o traço não é nem uma forma de presença, nem um tipo de origem). Essas próprias mudanças pressupõem que a identidade é parte dos valores mais altos com relação à verdade, como o faz a busca por definições seguras.

O segundo risco seria reduzir a desconstrução a uma fórmula ou algoritmo. Isso aconteceu na recepção inicial dada à obra de Derrida, que o via tentando reverter oposições e hierarquias cruciais nos textos a serem desconstruídos. Desconstruir seria, por exemplo, inverter o privilegiamento da voz sobre a escrita. Isso seria apenas inverter a metafísica pressuposta, substituindo uma por outra.

Esses riscos mostram um problema particularmente difícil na interpretação da obra de Derrida. Sua resistência a conclusões e posições finais torna temporário todo ponto de chegada e faz cada definição da desconstrução ser, ela própria, algo a ser desconstruído. É assim tentador acusar a filosofia de despropósito e relativismo, já que cada posição parece igualmente necessitada de desconstrução e nenhuma enfim resolve as questões e suspeita de metafísicas iniciais.

A resposta a esses argumentos críticos é que a desconstrução funciona pelo que ela faz: por exemplo, ao explicitar e abalar uma dada relação com pressupostos metafísicos e com a ontoteologia definida como uma definição de tipo teológico do ente ou da existência. Seu valor não está em suas conclusões, pois isso seria estabelecer uma nova posição final. Tampouco ela vale por algum senso de direcionamento rumo a tal finalidade. Isso seria se comprometer com outra teleologia: com as eternamente adiadas metas que dão a direção. Isso não significa que a desconstrução caia em algum relativismo sem propósito, exceto se se defendem visões extremistas acerca de verdades absolutas. A desconstrução toma uma atitude positiva. Por exemplo, a *Gramatologia* tenta desfazer o etnocentrismo e o antropocentrismo: o privilegiamento de uma dada etnicidade (comumente a ocidental) e o privilegiamento de uma concepção particular de homem sobre outras formas de existência.

A desconstrução trabalha para libertar a escrita do controle de uma voz interna e da fala. Ela mostra os pressupostos metafísicos da metafísica estruturalista. Nenhum de seus trabalhos é definitivo ou chega a posições definitivas. Não obstante, há mudança e, relativamente, uma mudança para melhor. Um outro reparo crítico surge nesse ponto. Pode haver realmente mudança para melhor e um valor na obra de Derrida se a desconstrução destrói, ou enfraquece, ou dissemina a ignorância de valores mais altos? Em particular, é o caso de que a desconstrução trabalha contra as ciências empíricas e a resistência delas à falsidade e à ignorância?

A resposta mais clara a essas críticas é que há uma longa consideração da ciência na *Gramatologia*. Esta consideração explica uma proximidade, mas também uma distância crítica, com relação à ciência. Isso será discutido numa seção posterior. A desconstrução jamais é simplesmente anticiência. Ao invés disso, ela investiga a relação da metafísica e da ontoteologia com a ciência. Isso, em si mesmo, poderia ser uma falha. Por exemplo, o que importa na afirmação de que a moderna ciência empírica é livre de pressupostos metafísicos, ou tão consciente deles que tem proteção infalível contra eles mediante a metodologia científica? Poderia ser o caso de dizer que escapamos do que Derrida chama de ontoteologia, mas que a *Gramatologia* nos traz de volta a ela através da esperança de miná-la ou transformá-la? Derrida se compromete com a afirmação de que a metafísica é inescapável? Nesse caso, ele se compromete com uma posição que se contradiz a si mesma (afinal, o que poderia dar fundamento a tal afirmativa na desconstrução?).

Tais questões oferecem uma quarta estratégia de leitura da *Gramatologia*. Muitos dos padrões de argumentos que permeiam o livro são respostas explícitas ou implícitas a essas questões críticas. Que a desconstrução e o pós-estruturalismo são profundamente autocríticos tem sido algo muito negligenciado. Isso explica sua qualidade, por vezes, excessivamente rarefeita, como se um número excessivo de possíveis críticas e autocríticas tivessem sido incorporadas, restando nenhuma substância.

É portanto útil abordar a *Gramatologia* em resposta a uma questão específica. Aqui, a questão será: Qual é a relação do trabalho da desconstrução sobre a metafísica e seu trabalho sobre a ciência? Para a mais plena interpretação do livro tais questões e estratégias não devem ser tomadas isoladamente. Como toda obra complexa de filosofia, ele permite uma combinação frutífera de escrutínio crítico, análise detalhada de seus termos-chave, estudo das passagens mais gerais e rastreamento de suas principais afirmativas sobre metafísica e ontoteologia.

### Palavras-chave da desconstrução

Para compreender algumas das palavras-chave da *Gramatologia* é melhor perguntar não o que elas significam, mas o que elas fazem. As palavras não abreviam coisas que possam ser facilmente capturadas e identificadas; ao invés disso, elas explicam processos em vigor em textos. Tais processos devem ser desconstruídos, mas também são parte da desconstrução. Assim, as leituras de Derrida buscam e exploram a força dos argumentos a serem desconstruídos. Ele não focaliza as fraquezas de uma posição ou tradição, mas mostra como suas virtudes trabalham contra si mesmas nos momentos mais elevados e cruciais. O pós-estruturalismo enquanto desconstrução não está preocupado com os efeitos de uma posição, mas com a relação entre suas fundações e suas mais distantes afirmações.

Eis algumas palavras-chave e processos da *Gramatologia*: origem, presença, rastro, *différance* e jogo.

### *Origem*

Os argumentos e afirmações que permeiam um dado texto podem ser, frequentemente, remetidos a uma afirmação sobre uma origem. Esta descendência é vista como uma queda, ou seja, uma perda de pureza e de valor, mas é também uma fonte, o único meio de explicar e justificar o que resta de valor. As origens, portanto, também valem como objetivos. Buscamos recapturar o que perdemos e, assim, o lugar de onde viemos também se torna o lugar ao qual ainda devemos ir. As origens são a base de sentimentos como a nostalgia e para processos negativos tais como julgamentos desfavoráveis sobre tudo o que deriva da origem, mas fracassa em brilhar como ela.

Quando lemos atentamente, contudo, seguindo as desconstruções de Derrida, descobrimos que não há origens puras ou pontos primordiais. As origens são sempre projeções do que se supõe derivar delas. A origem é sempre infectada pelo que se segue dela. *As origens são portanto também originadas: a origem tem uma origem.* A origem deve, ela própria, ser forjada, e é parte de uma cadeia infinita, ao invés de ser um começo primordial.

*Presença*

Na luta com o ceticismo – com as muitas dúvidas e incertezas que podem ser lançadas contra o conhecimento –, os textos levam a pontos que não podem ou não poderiam ser passíveis de dúvida. Eles podem ser denominados como pontos de presença, onde não há mediação entre o fenômeno e o pensamento (e, pois, nenhum espaço para dúvida). Na presença, o fenômeno é o pensamento.

A presença é o ponto onde um texto acha sua mais pura verdade, mas as desconstruções mostram que esta pureza é ilusória. Mediações externas podem ser encontradas na presença. Elas trazem complexidade à presença. O que parece ser intuições imediatas, vemos conter níveis e partes contraditórias. Eles permitem o retorno das interpretações múltiplas, das razões de se duvidar e das oportunidades de discordar. Com este retorno há também uma abertura da presença.

Cada desconstrução da presença mostra que esta é uma ilusão: um véu sobre muitas outras relações complexas e intrincadas. O ponto imediato é mediado e construído, e assim sujeito à desconstrução. *A presença é parte de uma economia da verdade, ou seja, seu poder depende de muitas afirmações ao seu redor e que circulam den-*

*tro delas*, por exemplo, afirmações sobre origens. Quando pensamos ter descoberto presença, na intuição "Eu penso", na promessa de outrem tal como "eu faço", ou na segunda voz interior à qual podemos nos voltar enquanto escrevendo, mesmo assim dependemos de uma linguagem que impõe seus próprios padrões e mediações, extensas dúvidas e equívocos.

## Rastro

A origem e o ponto de presença têm de ser significados em textos; algo tem que resumi-los ou representá-los. Deve haver signos para eles. Mas signos, na linguagem, contêm o rastro de seus contextos, de suas histórias e de seus futuros. Assim qualquer signo, qualquer evento, é marcado por coisas ao seu redor. Não é uma presença imaculada, mas o rastro dos processos que vieram a fazê-lo. Ao invés de bem-determinados signos independentes, Derrida persegue processos múltiplos mediante rastros no texto.

Esses processos de rastreamento não têm limites internos, na forma de uma lógica ou gramática necessárias, portanto não há nenhuma verdade ou presença fixas na forma do rastro. Tampouco eles têm limites externos, no sentido de algo independente de rastros (a voz, o senso interno, a carne, a matéria, a substância metafísica). Podemos aí encontrar rastros, também. *Não há nada fora do texto como rastreamento.*

Mas os rastros não têm de ser percebidos? Se têm de ser percebidos, não é algo identificável como "este rastro"? Se esse é o caso, então os estruturalistas não estão certos em estudar estruturas de diferenças entre os rastros e suas relações com significados? Os cientistas empíricos não estão certos em buscar resultados identificáveis para experimentos bem-definidos?

Na *Gramatologia* Derrida mostra como até a percepção de um rastro não é um ponto de presença. Os rastros podem aparecer apenas sob a condição de parecerem com suas pistas e complexas relações, ao invés de um rastro bem-definido. Esta definição só aparece posteriormente quando a percepção é falsamente abstraída de seu *background*.

## *Différance*

O termo *différance* dá uma ideia mais ampla do rastro contra exigências de identidade (é tratada extensamente no ensaio de Derrida "*Différance*", em *Margens da Filosofia*. *Différance* é uma estrutura de diferenças identificáveis – das quais todo rastro depende –, mas é também um processo de diferir que não pode ser reduzido a cadeias de identidades. Ao invés disso, é a razão por que tais cadeias são sempre abertas e incompletas.

Esta abertura e incompletude não devem ser definidas em termos de um leque aberto de interpretações possíveis, ou em termos de uma série que possa ser sempre aumentada. *Ao invés disso, a "différance" é a condição para a abertura e incompletude de qualquer parte identificável da cadeia*. Não é que haja algo tornado aberto por interpretações. Não é que haja uma série identificável tornada incerta pela possibilidade de novos elementos.

*Différance* é uma condição para a relação do rastro com o texto: qualquer rastro só aparece porque ele pode diferir e porque ele difere em todas as suas relações. Assim, quando você escreve seu nome, ou faz algo tão simples quanto assinalar um espaço em branco de formulário, esse nome ou esse espaço não têm uma existência independente de suas relações entre entidades fixas passíveis de acréscimos ou comentário, mas como relações fluidas entre entidades fluidas. Não é nunca apenas um "x".

Além disso, a *différance* não pode ser estabelecida num tempo particular; ao invés disso, é uma série de relações de diferenciamento ao longo do tempo, não podendo o tempo ser concebido como externo a essas relações. Tampouco a *différance* pode ser estabelecida dentro de um conjunto particular de textos ou mídia. Onde quer que haja rastros, há *différance*. Seu diferenciamento não pode ser restringido, em princípio, por nenhum rastro ou relação dada entre um rastro e um significado fixo. Derrida mostra como o significado e o rastreamento fogem e constantemente mudam sem quaisquer limites preestabelecidos do apropriado ou de propriedade.

*Jogo*

Se a *différance* ainda parece indicar um processo fora das estruturas, o termo "jogo" é usado por Derrida para mostrar como as estruturas têm uma maleabilidade e abertura em seu próprio coração. Do mesmo modo como um mecanismo pode ter alguma frouxidão ou jogo em si, ele mostra como diferentes estruturas são abertas a variedades de interpretações e deduções. Elas mostram que não há um significado único, ou uma linha única de argumentação, mas muitas e diferentes, que abrem onde quer que haja jogo no sistema.

Além de trazer processos de diferenciamento para mais perto da estrutura, o termo "jogo" também contraria a visão de que a *Gramatologia* é uma obra de crítica negativa. Não é que possibilidades argumentativas e interpretações diferentes apenas mostrem a falsidade ou imprecisão de uma única posição ou pretensão de presença. Ao invés disso, o jogo deve ser tomado no sentido afirmativo de jogo: no contexto de jogos prazerosos, em que a abertura não tem propósitos negativos, mas o valor positivo de novos desejos e campos de expansão.

Este sentido de afirmação é muito importante. Ele mostra como os diferentes termos usados por Derrida complementam-se uns aos outros, a despeito de aparentarem ter significados ou, mais adequadamente, funções muito fechadas. Os termos são próximos, mas não podem ser reduzidos um ao outro. Há um sentido deliberado de jogo nos próprios termos de Derrida. Cada um se abre de diferentes modos e permite variações nos temas. *A desconstrução é afirmativa no que favorece o jogo, a abertura e a criatividade, em seu âmago, até seus termos mais poderosos.*

Talvez isso explique de algum modo a riqueza e quantidade da produção de Derrida. Ele está constantemente variando, refinando e acrescentando à sua obra. Para usar outro termo da *Gramatologia*, há sempre já um "suplemento" dentro de qualquer texto dado, um ponto onde o jogo começa. A desconstrução deve, pois, ser entendida não no sentido de demolição, mas no de construir de outro modo para desconstruir.

Já que há tal insistência no processo e na prática, no pós-estruturalismo enquanto desconstrução, é importante passarmos desta descrição externa dos termos de Derrida para uma leitura deste texto. O capítulo final da *Gramatologia* põe em prática todos esses termos numa desconstrução da descrição por Rousseau de uma queda da presença. Para Rousseau, a presença sentimental de um sentimento inarticulado (um grito de dor, por exemplo) decai e se perde numa escritura articulada. A escritura trai e perde o sentimento.

Rousseau julga esta queda tão necessária quanto negativa. A queda é algo com o qual, mas também contra o qual, devemos trabalhar. Derrida desconstrói estes juízos de valor, por exemplo, na seguinte passagem:

> Tal é a situação da escritura na história da metafísica: um tema depreciado, lateralizado, reprimido, deslocado, embora exercendo uma pressão permanente e obsessiva do lugar em que ela permanece sob controle. Uma temida escritura deve ser cancelada porque ela apaga a presença do próprio na fala (OG: 270).

Neste último capítulo, "Do suplemento à fonte", Derrida mostra como a fonte, ou origem, tem um suplemento incluído: a escritura como suplemento ao puro sentimento. Não há origem sem esse suplemento, nem há um suplemento sem uma origem (daí o seu jogo com os sentidos correlatos da preposição francesa *"du"* como "de" ["of"] e de ["from"] (proveniência), o que requer um título [em inglês, "from/of the supplement to the source"] um tanto quanto tortuoso na tradução.

Neste capítulo Derrida lê o texto de Rousseau em busca do jogo na origem da linguagem. Ele o descobre na admissão por Rousseau de uma queda natural e necessária do sentimento à linguagem. Ele também o descobre onde a linguagem como fala já tem as características de escritura, porque um grito original tem de ser separado em diferentes sons e portanto em partes para mais complexa comunicação.

Quando examinado atentamente, mesmo o grito original, o ponto de presença onde não deveria haver nenhuma escritura, é já um rastro, está inscrito e tem uma escritura complexa. Ao invés de estar puramente presente, é apanhado num movimento diferenciador, por suas diferentes variações e reações, e pelas diferentes maneiras pelas quais tomou posição na escritura (e continuará a ter lugar na escritura). Derrida busca os signos de um suplemento de uma origem nos argumentos de Rousseau, a despeito do fato de eles serem convocados a mostrar que não há nenhum. A procura obsessiva de Rousseau pela escrita é já um desses signos (do sentimento implicado na escritura).

Na *Gramatologia* Derrida também desvela um papel para a escritura no que parece próprio apenas à fala. Assim, mesmo em sentimentos como medo e prazer, ele descobre a escritura em ação mesmo sob as descrições de Rousseau. Na obra de Rousseau (e de Condillac) medo e prazer não são apenas momentos de presença, eles são também momentos de defasagem e mediação. Por exemplo, o medo é comunicado e expresso numa forma metafórica onde a expressão de temor indica o que é temido (quando o tamanho da ameaça é indicado num gesto, por exemplo).

Na obra de Rousseau, como lida por Derrida, o prazer não é o aparentemente pleno prazer com algo, mas também uma relação com o desejo e, pois, com a representação da coisa. Se este prazer em relação com uma coisa pode ser tanto mediato quanto mediado, é porque não há nenhuma presença pura no prazer: ele é sempre relacionado ao desejo e, pois, à escritura. "O que desloca a presença introduz *différance* e defasagem, espaçamento entre o desejo e o prazer. A linguagem articulada, o conhecimento e o trabalho, a busca ansiosa de aprendizado, não são senão espaçamentos entre dois prazeres" (OG: 280).

O texto de Rousseau é portanto o início de sua própria desconstrução: "Não era o grande projeto das *Confissões* também "gozar [...] uma vez mais quando eu desejá-lo?" (OG: 280). Esta repetição do "uma vez mais" é uma das vias de Derrida para diferir, já que esta repetição depende de rastros e de escritura. Ela introduz um intervalo no prazer. Este intervalo é estendido onde pensado em termos de desejo. Isso porque o desejo, segundo Rousseau, depende da ausência de prazer, mas também de uma representação de sua possibilidade (eu desejo X, e embora X não esteja aí de algum modo).

Todas as principais características da desconstrução estão em ação no último capítulo da *Gramatologia*. Há a análise atenta de outros textos, a extensão de textos por meio das obras de Rousseau e outros (Condillac e Derrida). Há a corrosão da presença e da origem, por meio de suplementos, em seus âmagos supostamente indivisíveis. Há a crítica de toda metafísica dependente de presença e origens: neste caso, a metafísica da prioridade dos sentimentos sobre a escritura.

Poder-se-ia objetar que nada neste trabalho sustenta a visão da abertura radical do rastro e da *différance*. Tudo o que Derrida mostrou é uma abertura prática num caso particular. Isso implica perder de vista dois pontos importantes. Primeiro, Derrida está trabalhando sobre casos fundantes e paradigmáticos que são signos de uma metafísica bem mais ampla. Não é bem que ele esteja dizendo que o mesmo pode definitivamente ser feito alhures; ao invés disso, ele está buscando inaugurar este trabalho e minar argumentos acerca de sua impossibilidade.

Em segundo lugar, muitas das conexões, conceitos e argumentos reconhecidos em Rousseau podem ser encontrados em outros textos. Assim, não há nunca uma desconstrução de um único texto, autor e argumento. Ao invés disso, há o início de um processo contínuo de desconstrução que implica muitos textos em diferentes graus e através de diferentes distâncias. Nesse sentido, há uma abertura radical, por exemplo, pela estrutura dupla da natureza como pura origem, mas também no sentido da queda ou declínio natural.

Por outro lado, poder-se-ia objetar ainda que tudo isto é puramente negativo. É uma forma de crítica dependente de construções prévias, desperdiçando-lhes a criatividade positiva e contradizendo o sentido supostamente afirmativo do "jogo" de Derrida. Ele poderia ser acusado de parasitar pensadores genuinamente construtivos, tais como Rousseau, sem aproveitar nenhum de seus benefícios para o pensamento político e a reforma social.

Esta objeção é contraditada mais adiante na *Gramatologia* quando Derrida usa o termo "jogo" para responder à ideia da negatividade da desconstrução. Não se trata de que a abertura à mudança só possa trazer efeitos negativos; ao invés disso, flexibilidade e jogo dentro dos sistemas pode ser eticamente positivo. A chance envolvida na mudança de uma estrutura para outra, que sempre parece má do ponto de vista de uma estrutura conhecida, não necessariamente o é: "Esta chance pode ser pensada, como é o caso aqui, negativamente como catástrofe, ou afirmativamente como jogo" (OG: 294). Para se ver toda a força deste argumento é importante retornar ao exame de Derrida sobre a metafísica.

**Desconstrução e metafísica**

Em seu exame de Rousseau, Derrida delineia uma complicada conexão entre metafísica e violência. Esta ligação é também esboçada em, por exemplo, "Violência e metafísica", seu importante ensaio sobre Emanuel Lévinas, e em *A escritura e a diferença* (uma coletânea que apareceu ao mesmo tempo em que a *Gramatologia*). Esta conexão com a violência explica o foco de Derrida na metafísica. Ele se preocupa com as violentas inclusões e exclusões, omissões e valorações implícitas nas distinções e hierarquias metafísicas, bem como nos processos metafísicos.

Esta conexão é, contudo, ambígua e causa perplexidade. Isso porque ataques à metafísica tomada como fundamento para a vidência, por exemplo, em termos de uma distinção entre animais racionais (seres humanos) e meros animais, podem, por sua vez, levar a mais distinções metafísicas violentas (todos os animais senceintes *versus* as plantas, por exemplo).

Este é o padrão que Derrida desvela em sua leitura de Rousseau e do estruturalista Lévi-Strauss no capítulo da *Gramatologia* intitulado "A violência da letra: de Lévi-Strauss a Rousseau". Ambos os autores veem a queda do sentimento e da voz na escritura como uma fonte de violência, evitável por um retorno à presença do sentimento ou sensação (de medo ou prazer, por exemplo). Mas a contestação feita por Derrida é que isso suscita uma nova violência e exclusão metafísicas. Os aspectos comunais de sentimento e presença pressupostos pela voz fazem violência à radical alteridade dos outros seres. Ou seja, assumindo-se que esta presença é a mesma para todos, dá-se aos outros uma identidade que não deveríamos lhes dar.

A suposição de que há presença na voz, junto com a acusação de que toda metafísica enquanto violência começa com a escritura, são em si uma forma de violência cometida contra a escritura e a fala. Mesmo se respondendo a questão da violência e da metafísica, não pode haver retorno à presença, mas, ao invés disso, deveria haver uma escritura de radical *différance* e alteridade: "A ética da fala é o *delírio* da presença dominado" (OG: 139).

Este delírio ou atrativo, armadilhas de uma sedutora falsidade, levam ao fascínio de uma metafísica baseada na presença e na recusa do valor ético da escritura. Em resposta, Derrida insiste no valor ético da postergação da presença e do modo como ela permite uma "presença" muito diferente: a presença do outro. Há uma presença do outro como algo que não pode estar presente:

> Reconhecer a escritura na fala, ou seja, a *différance* e a ausência da fala, é começar a pensar a sedução. Não há ética sem presença *do outro*, mas também, e consequentemente, sem ausência, dissimulação, desvio, *différance*, escritura (OG: 140).

A distinção feita entre moralidade e ética repousa no constante adiamento da ética, no sentido de nunca definir ou fixar a outra. Este é um importante aspecto do pós-estruturalismo. Ele se afasta do método estruturalista e de seus pressupostos metafísicos, pois eles pressupõem que o outro possa ser definido e porque o outro é definido sob as bases de uma moralidade particular.

Para Derrida, esta moralidade deve ser particular – por exemplo, do Ocidente – porque os pontos em que ela ancora um suposto universal, ou seja, ancora a presença, revelam-se mais complexos e divisíveis; eles são bases aleatórias ao invés de fundamentos universais. Onde quer que a moralidade espere ser fundamentada na certeza da presença, a desconstrução só encontra o diferir dos rastros e o movimento da *différance*.

As seções iniciais da *Gramatologia* exploram estas formas metafísicas de violência. Por exemplo, ao discutir "o dentro e o fora", Derrida nota como a linguística estruturalista de Saussure depende de limites desenhados entre formas de ser (fala, linguagem, corpo, escritura). Esses limites pressupõem inclusões e exclusões, com valorações bem-determinadas (o dentro é melhor e o fora é pior, por exemplo). Mas tais valorações são ilegítimas quando não são vistas como contingentes e particulares. O estruturalista pretende fazer postulados gerais; mas eles são, na verdade, particulares. Por isso se exerce com ele violência contra outros particulares excluídos e contra a própria possibilidade de casos que afrontem os pressupostos metafísicos originais. Num certo sentido, é como dizer a outrem que eles não podem ser o que são, porque tal categoria não é possível ("É sim. Eis-me aqui").

Uma série de importantes questões críticas e problemas difíceis devem ser levantados neste ponto:

• Como a desconstrução pode evitar estabelecer um fundamento seguro para si mesma, se deve combater outras posições metafísicas?

• Os termos principais de Derrida, "rastros" e "*différance*", o comprometem com uma metafísica, em particular, se são acompanhados por afirmações absolutas, tais como adiamento "interminável", rastro "inapreensível" e lateralidade "absoluta" ou "infinita"? Ele sempre é cuidadoso em evitar esses termos, mas eles não estão implícitos?

• Mesmo se aceitamos que haja algum tipo de violência implicada em qualquer metafísica, não se trata de uma violência relativa, podendo uma dada metafísica pretender-se menos violenta que outras? Se esse é o caso, por que seria menos violento tentar desconstruir toda metafísica, ao invés de descobrir a "menos pior"?

• A ação moral não deveria se basear exatamente no tipo de metafísica que Derrida desconstrói, ou seja, uma que permite claras definições e julgamentos seguros, ao invés de muito mais vagos adiamentos?

Para responder a estas questões é útil nos voltarmos à seção "A brisura", na primeira parte da *Gramatologia*, onde Derrida desenvolve uma resposta ao estruturalismo e à metafísica que aplica especificamente a seu próprio trabalho.

Um pouco antes, numa seção sobre o ser, ele levanta os problemas da metafísica num contexto histórico, notadamente a partir da leitura heideggeriana de Nietzsche como o último metafísico. Derrida extrai uma importante lição da indecisão dos dois pensadores [Heidegger e Nietzsche] sobre a questão da relação da filosofia com a metafísica. Ele afirma que esta indecisão, levando a um estreitamento da fronteira entre a metafísica e sua destruição, era "própria" à passagem entre uma época metafísica (hegeliana) e uma época de desconstrução. Esta última não pode ser simplesmente "pós" ou "neo". Ela tem de trabalhar por dentro daquilo a que se segue:

> Os movimentos de desconstrução não destroem as estruturas de fora. Não são possíveis e efetivos, não ajustam seus golpes, se não habitarem estas estruturas. Habitarem-nas *de uma certa maneira*, pois sempre se habita, e principalmente quando nem se suspeita disso. Operando necessariamente do interior, emprestando todos os recursos estratégicos e econômicos de subversão da velha estrutura, emprestando-os estruturalmente, ou seja, sem poder isolar seus elementos e átomos, o empreendimento da desconstrução é sempre, de uma certa maneira, arrebatado pelo seu próprio trabalho (OG: 24).

Esta passagem nos dá algumas respostas às questões levantadas acima. Não se trata nunca de ir além da metafísica, mas sim de trabalhar para flexibilizá-la, do interior. Enquanto tal, a desconstrução não tem seu próprio fundamento; ao invés disso, tem uma série de maneiras estratégicas de retardar e subverter pretensões à verdade em outras estruturas. Não se trata de definir entidades independentes, mas de fazer conexões que fragilizam as predominantes e favorecem as minoritárias ou descartadas.

Mais ainda, a desconstrução não se impõe como independente daquilo que ela desconstrói, mesmo no sentido de escapar de seus problemas ou falhas. Elas se repetirão no trabalho da desconstrução, que, por isso, precisa se desconstruir a si mesma. Essa desconstrução da desconstrução é um processo ou tarefa aberta, ao invés de uma tarefa guiada por quaisquer valores dados ou visando qualquer termo identificável.

Assim, em termos das inclusões e exclusões descritas acima, a desconstrução não quer levar a um mundo onde não haja nenhuma inclusão nem exclusão. Tampouco busca mostrar que certas inclusões e exclusões são necessariamente ilegítimas. Ao invés disso, ela busca mostrar como os sistemas baseados nelas contêm as sementes de sua própria contradição e destruição, daí o título da seção "O fora é[2] o dentro". Quando encontramos tais distinções fundamentais, descobrimos que elas são baseadas em rastros que cruzam a distinção: o dentro e o fora.

Uma crítica rasa à afirmação por Derrida de que não há nada exterior ao texto pode ser descartada neste ponto. Ele pode ser atacado por deduzir que coisas que são patentemente não textuais (objetos, ideias, sentimentos) não são senão palavras. Mas este não é de modo algum o caso. Antes, sua desconstrução de distinções claras entre o interior e o exterior de campos mostra que a fronteira entre o texto e o que fica de fora não pode ser definitivamente estabelecida ou considerada impermeável. Descobrimos a escritura em ação em coisas que se pressupõem serem externas ou independentes com relação a ela.

Isso não significa que a distinção possa ser simplesmente aplicada e esquecida, ou deslocada. Antes, o argumento de Derrida é que ela não é absoluta e que devemos pensar sob o marco da falência desta distinção. Esse é o motivo para ele rasurar o "é" no título da seção, usando a notação de Heidegger para o Ser. Quando dizemos que algo é uma outra coisa, nós fundimos ambos em uma única essência, bem-determinada. Derrida quer resistir a esta identificação de dois termos unidos por uma afirmação sobre o ente (X é Y): "Devemos pensar que a escritura é ao mesmo tempo mais exterior à

---

2. Rasurado no original [N.T.].

fala, não sendo sua 'imagem' ou 'símbolo', e mais interior à fala, que é por si só uma escritura" (OG: 46).

É possível agora compreender uma resposta adicional de Derrida às questões evocadas acima. As questões são, em certo sentido, ilegítimas. Elas são o tipo de questão equivocada, porque pedem bem-determinados estilos de resposta na base do sim/não, dentro/fora, pró/contra. A obra de Derrida mostra que este tipo de distinção perde de vista o modo como as coisas estão implicadas umas nas outras:

> Aqui, como em outros lugares, pôr o problema em termos de escolha, obrigar ou se acreditar obrigado a respondê-la por um sim ou não, conceber a pertencença como um falar com a franqueza, é confundir níveis, caminhos e estilos muito diferentes. Na desconstrução da *arché* não se procede a uma escolha (OG: 62).

Esta *arché* pode ser pensada como uma condição original, por exemplo da escritura tal como uma gramática profunda, ou da fala tal como uma fonética geral básica compartilhada por todas as línguas. O argumento de Derrida é que temos de pensar em termos da relação entre a condição e o condicionado como uma mútua implicação e contínua transformação – uma desconstrução – e não como uma escolha entre condições gerais, de um lado, e caos e confusão, de outro.

Esta recusa de questões que exijam resposta ou/ou é sinal da natureza radical do pós-estruturalismo como desconstrução. Ele não tem lugar num leque de intuições preestabelecidas acerca da natureza do mundo: acerca do espaço, do tempo e da existência. Ao invés disso, na *Gramatologia* Derrida mostra como os conceitos tradicionais de tempo não podem dar conta da estrutura do rastro: "Os conceitos de presente, passado e futuro, tudo nos conceitos de tempo e de história que pressupunha sua evidência clássica – o conceito metafísico geral de tempo – não pode descrever a estrutura do rastro adequadamente" (OG: 67, tradução modificada).

Estes conceitos são inadequados porque pressupõem formas de presença que contradizem a ausência de limites claros para o rastro. Por exemplo, qualquer rastro no presente está conectado ao passado e ao futuro de um modo que nega sua independência e sua sucessão. O passado está com o presente e com o futuro de um tal modo que nega que seja passado de algum modo definitivo e, portanto, ausente do presente e do futuro.

Por consequência, Derrida estende essas observações sobre o tempo a problemas similares acerca do papel da morte na metafísica. Se a morte está associada com a finitude, ou seja, como fim necessário de um fundamento individual para a existência – uma consciência pensante ou ser humano, por exemplo –, então o rastro e a interminável estrutura da *différance* se opõem a ela.

Não se pode dizer que a consciência seja acima de tudo consciência de sua própria finitude, mas tampouco que qualquer momento de consciência esteja livre da morte como uma corrosão de sua presença. Isso porque, como presença, a consciência é sempre enfraquecida pela rede de rastros que se estendem para além de qualquer fronteira: rastros da morte e da destruição de identidades. Mas exatamente por se estender desse modo a consciência é definida essencialmente por sua finitude: a morte é uma forma de continuidade em transformação, e não um simples fim (ou a continuidade de parte de uma identidade).

A metafísica da morte, da consciência e da subjetividade deve, pois, ser reexaminada com a desconstrução e concebida de outro modo. A seguinte passagem reúne esses temas no contexto de um "vir a ser ausente" implicado pelo espaçamento da escritura, ou seja, todo espaço bem-definido é estendido, alongado e torna-se múltiplo pelo modo como é escrito (como tem sido escrito e será escrito):

> O espaçamento como escritura é o vir a ser ausente e o vir a ser inconsciente do sujeito. Pelo movimento de sua deriva [*dérive*], a emancipação do signo retroconstitui o

desejo da presença. O devir – ou esta deriva – não sobrevém ao sujeito que o escolheria ou que passivamente se deixaria arrebatar por ele. Como relação do sujeito com sua própria morte, este devir é a constituição da subjetividade (OG: 69).

Derrida inverte e estende acepções tradicionais da relação do sujeito com a morte. A morte, na desconstrução, é a propriedade de todos os signos como coisas que vêm a ser ausentes. Mas ela só tem este sentido devido a um contradesejo por presença. Presença e vir a ser ausente são condições recíprocas de um modo que refuta qualquer sentido da independência da presença.

Consequentemente isto contraria a definição de morte como a morte de sujeitos acima de tudo. Num nível diferente, contraria também a afirmação de que a desconstrução descarta a presença de algum modo. Ela não o faz; antes, acrescenta-lhe algo e assim modifica seu *status*. Subjetividade e a definição de morte em termos de subjetividade são constituídas por processos que são, eles próprios, condições para escritura e textos.

Na *Gramatologia* esses processos são descritos em termos da "brisura". Qualquer rastro, qualquer signo percebido é o agrupar-se de uma presença evanescente (tudo o que acreditamos ter apreendido e agarrado para além de qualquer dúvida) como uma série interminável de significados múltiplos: "A brisura marca a impossibilidade de que um signo, de que a unidade de um significante e de um significado sejam produzidas na plenitude de um presente e de uma presença absoluta" (OG: 69). Duas observações se seguem desta afirmação de impossibilidade. Primeiro, ela mostra o quanto a desconstrução e o pós-estruturalismo se ancoram em formas profundamente filosóficas de pensamento. Eles são sempre mais do que métodos nas artes, humanidades e ciências sociais. Eles são afirmações criativas, mas também céticas, acerca de modos fundamentais de pensar a existência e o mundo.

O pós-estruturalismo como desconstrução é um novo modo de pensar com a história metafísica, desejos e a violência do pensamento (usar "sobre" ao invés de "com" daria aqui uma falsa conotação de afastar-se da metafísica e ser capaz de julgá-la). A desconstrução é um compromisso crítico e criativo, com aquilo que acreditamos possível, necessário, verdadeiro, completamente captado, compreendido e absoluto.

Segundo, o foco na metafísica põe Derrida numa desconfortável relação com a ciência em termos de reivindicações de ser livre de pressuposições metafísicas devido a suas bases empíricas e falsificáveis, ou ao prover evidências para formas de verdades que contrariam a desconstrução de formas de presença. Este desconforto é comentado com grande acuidade nesta passagem da seção sobre a brisura na *Gramatologia*:

> São precisamente estes conceitos que permitiram a exclusão da escritura: imagem, ou representação, sensível e inteligível, natureza e cultura, natureza e técnica etc. Eles são solidários com toda a conceitualidade metafísica e, particularmente, com uma determinação naturalista, objetivista e derivativa da diferença entre o fora e o dentro (OG: 71).

Dado o esforço de Derrida em mostrar o papel da escritura nas estruturas que aparentemente a excluem, tais como a voz, parece que ela deve ser confrontada também com conceitos operativos na ciência, tais como natureza, cultura, representação e técnica.

Na prática e na teoria científicas, encontramos noções de representação teórica, de dados (no sentido de dados sensíveis, que podem se tornar inteligíveis), do poder explicativo das imagens, de natureza, de objetividade e de distinções entre o que deve ser incluído num dado campo e independente dele. Se a ciência se baseia nesses conceitos, parece que ela deve ser vista em posição à desconstrução. Mas se a desconstrução deve negar a ciência e tais conceitos, ela está na difícil posição de ter de repudiar a ciência?

### Desconstrução e ciência

A obra de Derrida pode prover respostas para as seguintes questões:

• Não deveríamos ir além da metafísica e de sua desconstrução, para uma era propriamente científica fundamentada nas ciências empíricas e em suas metodologias?

• A ciência contemporânea não nos provê com o tipo de verdades seguras (e meios de testá-las e refutá-las) que a desconstrução nega, por sua dependência do estudo das condições da escritura?

O capítulo "Da Gramatologia como ciência positiva", na *Gramatologia*, é uma resposta direta a essas questões. Os detalhes do título já respondem a certas objeções e incompreensões básicas. Não é que Derrida ignore a ciência; ele se preocupa com questões sobre a relação entre ciência e desconstrução. O capítulo também oferece um sentido mais preciso desta preocupação. Derrida reflete sobre uma relação com a ciência positiva. Isso quer dizer que ele está mirando diretamente questões sobre o papel da evidência empírica em gramatologia e desconstrução. Ou seja, elas têm evidência positiva como base para sua verificação ou falsificação? Há experimentos e definições de tipos de dados que permitam a suas teorias serem verificadas ou mostradas como falsas?

Há fortes paralelos entre esta preocupação com ciência e a obra tardia do psicanalista Jacques Lacan, em particular em sua relação com a matemática. A questão "A psicanálise tem uma base científica" suscita o mesmo tipo de problemas que a questão "Qual é a relação da desconstrução com a ciência?" Este paralelo é tanto mais interessante porque a desconstrução do sujeito delineada acima faz intersecção com a obra de Lacan sobre o ego e o inconsciente em seu desenvolvimento da psicanálise freudiana. As conexões entre pós-estruturalismo e Lacan serão consideradas em mais detalhes no capítulo 6, sobre Kristeva. É importante notar neste ponto que há fortes conexões, mas também agudos contrastes críticos entre a desconstrução e a obra de Lacan.

Logo a seguir do título do seu capítulo, Derrida mostra por que tais questões são importantes e muito difíceis de responder. Um aspecto-chave da desconstrução é a pesquisa das condições de sua própria investigação e de outras ciências. Esta pesquisa é diferente das ciências positivas. A afirmação dele é de que ela lhes antecede: "A grafemática ou a gramatografia deveriam deixar de ser apresentadas como ciências; a sua mira deveria ser exorbitante quando comparada ao conhecimento gramatológico" (OG: 74). Portanto, não é que Derrida negue a possibilidade de conhecimento em bases lógicas consistentes e apoiadas em evidências positivas. Antes, o que ele considera é que o pensar sobre a escritura como desconstrução e de algum modo impossível de se fazer sob o modelo das ciências positivas. A razão para isto é que, quando procuramos bases positivas, não achamos nenhuma. Por exemplo, os signos que constituem a escritura, as origens históricas ou estruturas básicas (lógicas ou estruturais) dela, são sempre dissolvidos em processos ulteriores.

Podemos tomar de seções anteriores subsídios para resumir o porquê de a evidência positiva ser problemática para Derrida: a origem nunca é uma origem final: a presença seja de significante (o que é percebido) ou de significado (o sentido) é substituída pelo movimento do rastro na diferença. Em outras palavras, sempre que procurarmos uma coisa claramente identificada, que possa servir como o fundamento evidencial básico, nós descobrimos que ela própria se apoia em outros processos intermináveis que lhe dissolvem a identidade como fundamento.

Tais subsídios, contudo, não são o bastante para se tratar as questões iniciais sobre a ciência, já que estas não são tanto sobre por que a desconstrução não pode ser uma ciência positiva direta e sim sobre as consequências desta impossibilidade e se esta é uma posição correta a assumir. É por isso importante acrescentar os seguintes aspectos da discussão da ciência na *Gramatologia*:

- A abordagem de Derrida a questões da ciência é via uma desconstrução das tentativas históricas de fundamentar uma ciência da escrita.
- Esta é a história de pretensões equivocadas a fundamentos, quando, de fato, há pressuposições ulteriores que negam tal reivindicação.
- Essas contradições e processos históricos levantam questões sobre ser possível qualquer ciência da escritura.
- Eles também levantam questões sobre como deveríamos abordar questões de uma ciência da escritura.
- Derrida sugere que a escritura é refratária a ser pensada em termos de ciência positiva.
- Isso o leva a distinguir pensamento e ciência, de um modo tal que o pensamento não nega a ciência, mas reivindica se estender para além dela e ter uma relação desconstrutiva com suas declarações de prioridade e de maior confiabilidade.

A passagem final do capítulo sobre a ciência é enfática quanto a esses pontos, resumindo-os ao caracterizar a crucial distinção entre pensamento e ciência, mas sem negar a possibilidade de cada qual:

> A constituição de uma ciência ou de uma filosofia da escritura é uma tarefa necessária e difícil. Mas um pensamento do rastro, da *différance* ou da reserva, tendo chegado a esses limites [da ciência e da filosofia] e os repetindo sem cessar, deve também apontar para além do campo da *epistémè* [da filosofia do conhecimento] (OG: 93).

Por limites da ciência Derrida quer dizer limites históricos em termos de pressuposições teóricas, práticas, econômicas e sociais. A ciência não tem lugar num vácuo. Onde houver uma reivindicação à evidência positiva, ou de métodos objetivos, ou de uma teoria neutra, uma série de inclusões e exclusões, pressuposições acerca da presença e de origens definem limites para essa reivindicação. É o papel do pensamento como desconstrução pensar além daqueles limites. Assim, a desconstrução deve interagir com a ciência e depende dela. Não se opõe à ciência. Ao invés disso, ela tem uma relação diferente com os limites da ciência, que não a da própria ciência. Ela se abre a esses limites de um modo diverso que o da ciência. Esta não é a mesma abertura que deparamos na lógica da descoberta científica em termos de abertura a novas teorias e falsificação das teorias correntes. Derrida considera o pensamento como uma abertura à desconstrução de nossas mais ferrenhas posições metafísicas, incluindo as da ciência.

Isso suscita uma questão importante, qual seja, se a ciência é isenta de pressupostos metafísicos, ou pode ser isenta deles. Esta questão lança outra luz sobre o que a *Gramatologia* está fazendo em termos de ciência. Ela é uma tentativa de mostrar que, historicamente, abordagens científicas da escritura fracassam em escapar de pressupostos metafísicos. Este fracasso é também um fracasso em escapar de inclusões, exclusões e formas de poder éticas e políticas: "a solidariedade entre sistemas ideológicos, religiosos, tecnocientíficos, e os sistemas de escritura que eram então mais e outra coisa que não 'meios de comunicação' ou veículos do significado, permanece indestrutível" (OG: 93).

De novo, muita coisa depende da aparente contradição entre um argumento histórico que deve ser contingente e aberto a revisões e uma reivindicação de indestrutibilidade. A versão mais forte das objeções a Derrida poderia ser que certos avanços na filosofia e na prática da ciência levaram a posições que não são abertas ao tipo de desconstrução praticada em casos históricos.

Uma possível resposta a esta objeção é que o trabalho de Derrida na *Gramatologia* não é estritamente histórico e, portanto, contingente. A desconstrução das ciências da escritura leva a um modo de pensar a escritura muito sugestivo quanto a haver potencial em toda desconstrução de uma pretensão a uma ciência livre de pressupostos metafísicos. Contudo, isto só pode ser potencial e não certeza. A desconstrução depende de futuras performances práticas, e não de verdades estabelecidas que ficam do lado de fora da história e da prática.

## Clareza, ética e política

Quando Derrida morreu em 2004, debates altamente carregados sobre o valor de sua obra irromperam de novo, mesmo nas páginas de obituário. Sua obra é deliberada e desonestamente obscura? Ou é uma das mais importantes correntes do pensamento do século XX? O tom de tais debates é frequentemente grosseiro, sobretudo nas primeiras semanas após sua morte.

O nível de ignorância também pode ser chocante, a ponto de alguns críticos atacá-lo com um conhecimento pífio de seus livros e com as lastimáveis premissas do ouvir falar e de argumentos de autoridade ("bem, X disse tal coisa"), ou ainda, rapidamente descartando-o porque "difícil" demais. Dois problemas correlatos podem ajudar a dar mais direção ao debate. Primeiro, ele é gerado por visões sobre uma ética da leitura, ou seja, sobre quais nossos deveres para com um texto em termos de sua interpretação (por exemplo, se a leitura deveria ser literal, ou quanto esforço devemos fazer para compreender textos difíceis ou estrangeiros, no sentido de envolverem ideias estranhas ou de usarem idiomas não familiares). Em segundo lugar, o debate é conduzido por visões da importância política e filosófica da clareza e da acessibilidade, ou seja, sobre o valor político da exposição e tomada de posição claras e o valor filosófico de se evitar obscuridades, confusão e contradição. Essas visões articulam os valores de uma sociedade aberta com valores acerca da comunicação clara e consistente. É a articulação que importa aqui, ao invés da sociedade. O valor da abertura é partilhado por ambos os lados do debate, mas não a forma tomada pela abertura e a relação desta com a clareza.

É importante notar que o primeiro problema importa seja Derrida bem-conhecido e influente ou não. Podemos ter um dever de leitura cuidadosa até para com o texto mais desconhecido, por exemplo quando lutamos para interpretar um rabisco aparentemente irracional que nos foi deixado por um passante desesperado. O segundo problema, por outro lado, cresce em importância devido à influência da obra de Derrida. No que ele tem de mais vociferante, ele implica exigências muito violentas de se desmascarar charlatães perigosos.

Em termos de uma ética de leitura, a *Gramatologia* mostra que Derrida tem razões para escrever do modo como o faz. Independentemente de afinal concordarmos ou não com elas, não podemos ser dispensados de um dever de tentar entender sua obra antes de descartá-la. Ele não está tentando deliberadamente enganar ninguém. Por esse aspecto, no mínimo, seus críticos não têm nenhuma base para atacá-lo.

A seguinte observação foi feita pelo filósofo Brian Leiter logo após a morte de Derrida:

> Mas ele [Derrida] devotou sua vida profissional ao obscurantismo e ao aumento da ignorância no mundo: "ensinando" legiões de indivíduos ciosos como ler mal e pensar de maneira desatenta. Ele pode ter sido um homem decente moralmente, mas levou uma vida má, e seu legado é vergonhoso para as humanidades (*Leiter Reports*, 31/10/04).

Mas Derrida não "devotou" sua vida à ignorância, ao mau pensamento e ao desleixo. Ele tentou perscrutar uma série de difíceis questões do modo mais claro que ele considerou possível, dados os problemas filosóficos com os quais estava lidando: Derrida lê outros escritores atentamente, com cuidado e com erudição. Seu trabalho tenta abrir textos a conexões mais amplas, mas também submetê-los ao rigoroso escrutínio de seus pressupostos. Ele nos ensina a ter olhos para detalhes e ouvido para o estilo e para as complexas camadas de um texto (seus significados múltiplos que solicitam ironia, por exemplo).

É digno de melancolia ver Leiter fazer julgamentos morais sobre vidas boas ou más com tão pouca consideração pela dor e pelos valores do comedimento, reflexão e respeito no período subsequente à morte de uma pessoa. Mas melancolia tem pouco espaço na obra de Derrida. É mais produtivo observar que a ignorância quanto à profundidade e precisão das leituras de Derrida reflete a definição estreita de pensamento que ele desconstruiu mediante uma longa série de argumentos precisos e bem-fundamentados. Ela mostra também as contradições a que essa estreiteza conduz, por exemplo, na intelectualmente medíocre afirmação de um suposto desleixo do próprio Derrida.

Igualmente, a afirmação de que as obras de Derrida levam os outros a erro mostra exatamente o tipo de julgamentos excludentes e insensíveis de outrem que Derrida buscou revelar na metafísica e evitar em sua própria escrita. As proposições de Leiter sobre decência e o bem moral numa vida e num homem mostram uma tendência vulgar e impensada à generalização, tanto em termos de associar uma vida ou um ente com uma propriedade ou qualidade únicas quanto pela consideração que vidas e obras possam ser julgadas abstratamente.

Ainda assim, Leiter e outros críticos superficiais de Derrida têm um argumento diferente e mais forte ao qual apelar. O difícil estilo de Derrida pode ser acusado de ser politicamente perigoso porque mina o papel do debate e da reflexão livres e abertas em sociedades abertas. A filosofia pode ser vista como a guardiã de tais debates. Ela então arbitra acerca de julgamentos válidos e inválidos e lhes explicita os pressupostos e premissas. A filosofia pode nos ajudar a refletir sobre o bem e o verdadeiro de uma maneira clara e acessível.

Há grande valor neste tipo de abertura, por exemplo, por meio do jornalismo investigativo que desmascara mentiras e hipocrisias, ou mediante a demonstração de contradições ou premissas problemáticas nos argumentos de políticos e formuladores de políticas.

A principal questão não é tanto acerca desses valores, contudo, quanto ao caráter direto da relação entre filosofia e sociedade. A filosofia é a fonte direta e presente de tais valores na sociedade? A filosofia prepara a esses valores e por quanto tempo? Ou os apoia no presente? É o papel da filosofia continuar a criticar esses valores, mesmo quando eles parecem ter ampla aceitação, uma vez que esses próprios valores emergiram ao longo de um grande período de tempo sob tais críticas?

Há algo mais para a filosofia do que apoiar a clareza e a abertura, e se há, o que é e o que pode ser buscado sob a restrição de que o pensamento deve ser claro e acessível? De fato, a clareza defendida pelos críticos de Derrida é mesmo clara, no sentido de permitir *insights* profundos e criativos sobre a vida? Outras exigências por clareza não poderiam inibir o pensamento e implicar suas próprias faltas? (como mostrado, por exemplo, pela desconsideração de Leiter pela dor que ele poderia causar).

É importante notar uma vez mais que o argumento sobre clareza e obscuridade extrai toda sua força de um efeito que se supõe que a obra de Derrida tenha, e não de uma inerente falta de clareza dele. Importaria pouco se essa obra não fosse nunca lida. Importa muito mais se ela é amplamente lida e exerce muita influência. Isso é, por consequência, algo significativo porque quer dizer que a própria crítica à obra de Derrida é política, no sentido de que pleiteia um maior espaço para a obra dos críticos ou para os que eles admiram: um espaço que eles afirmam ter sido falsamente usurpado.

O ponto essencial do debate concerne à definição do pensamento em relação com seu papel político. Se o pensamento pode ser sempre claro de um modo bem-definido, e se essa clareza é politicamente efetiva e do lado da justiça e do bem, então os críticos de Derrida têm um grande trunfo. Mas uma das principais observações feitas pelos personagens pós-estruturalistas é que o pensamento é muito mais do que uma série de proposições aparentemente claras ligadas por argumentos válidos a premissas unânimes. Isso não significa que a clareza seja atacada como má. Significa que clareza e acessibilidade não são condições suficientes para definir o pensamento.

Por exemplo, mais para o final de sua carreira, Derrida escreveu uma série de textos que eram mais autobiográficos do que suas obras anteriores. Não eram totalmente autobiográficas, mas combinações de reflexões sobre sua vida e experiências em relação a problemas e questões mais amplas. Os livros não nos dão fórmulas ou séries claras de proposições verdadeiras. Ao invés disso, apresentam séries de ideias interconectadas, em que temas como linguagem, identidade e tradução são explorados de modo a nos permitir compreender sua complexidade e os riscos envolvidos nas várias afirmações simplificadoras sobre eles.

Uma dessas ideias, em *Le Monolinguisme de l'autre*, é que, ao usar uma linguagem para nos comunicar, dependemos de uma promessa de que as linguagens que usamos se tornarão uma. Esta redução de todas as linguagens a um único e claro idioma está implícita porque pressupomos que outrem irá compreender nossa comunicação e assim pressupomos que vamos partilhar uma língua. A tentativa de se comunicar é assim a tentativa de ultrapassar diferenças por meio da linguagem; na linguagem, dois se tornariam um. Muitas linguagens deveriam, portanto, tornar-se uma para aumentar o poder da linguagem de ultrapassar diferenças e trazer paz via compreensão.

Derrida sublinha a violência implícita a esta promessa, mas também seu poder messiânico. A exigência por clareza é perigosa porque clareza justifica julgamentos e exclusões violentas com base numa promessa de um mundo de compreensão e congraçamento (numa sociedade puramente racional, ou baseada numa religião comum, ou um princípio de tolerância comumente entendido. Seria um exemplo desta violência pensar que Derrida simplesmente se opunha a este poder messiânico. Antes, quer chamar nossa atenção para ele, não tanto para que nos afastemos da capacidade das linguagens de se unificarem, mas para nos lembrar das exclusões e custos deste sonho, de seus inevitáveis fracassos, mas também de suas bases na sensibilidade e respeito pela alteridade e pelo cuidado. Deveria [este poder messiânico] ser escutado, mas não seguido incondicionalmente. Esta sensibilidade para as promessas e violência ocultas até na mais sensata forma de pensamento é um dos legados mais importantes da obra de Derrida. Ela nos permite ser mais sensíveis e éticos; virar as costas para ela, devido a uma aparente dificuldade, é perder em delicadeza e senso ético.

# 3

# Pós-estruturalismo como filosofia da diferença
## *Diferença e repetição*, de Gilles Deleuze

**Como levar adiante o estruturalismo?**

Em 1972 Gilles Deleuze publicou um pequeno ensaio sobre o estruturalismo: "Como reconhecemos o estruturalismo?", para o volume do século XX de uma história da filosofia em vários volumes. É provável que o ensaio tenha sido escrito algum tempo antes. Em seus parágrafos iniciais, Deleuze o situa por volta de 1967, perto da data de publicação de sua obra-prima *Diferença e repetição* [*Différence et repetition*], em 1968. Esta datação é altamente plausível, dado que o ensaio é muito próximo àquele livro em seus conceitos e argumento.

Este ensaio sobre o estruturalismo é muito importante para qualquer estudo sobre o pós-estruturalismo e Deleuze porque mostra como sua obra se articula com o estruturalismo, mas também como o modifica e o radicaliza. O ensaio não responde, de fato, sua questão inaugural: Como reconhecer o estruturalismo? Ou, pelo menos, não o faz historicamente. Ao invés disso, Deleuze toma muitos dos argumentos filosóficos de *Diferença e repetição* e reflete sobre o que o estruturalismo pode se tornar e o quão radical pode ser. O ensaio é, pois, sobre pós-estruturalismo tanto quanto sobre estruturalismo. É sobre estruturalismo de um modo muito radical.

A visão do pensamento como sendo a interpretação e transformação do que vem antes é típica da filosofia de Deleuze. Ele insiste nos aspectos criativos do pensamento, pois o papel deste é revivificar estruturas que tendem à fixidez. Ele vê a fixidez como sendo definida por representação, ou seja, uma forma de repetição do mesmo. Uma repetição afirmativa pode ser compreendida como acrescentando diferenças e variações à repetição.

A filosofia de Deleuze é sobre o repetir tornando algo diferente e evitando a representação. Ele tenta fazer isto no ensaio pela busca de um estruturalismo radical. Em *Diferença e repetição* ele o faz mediante uma crítica da representação e do papel da identidade em filosofia, por exemplo, na identidade do conceito. Ele então insiste no papel criativo do pensamento em relação com signos da diferença. Estes signos aparecem via intensas sensações que determinam intensas ideias (embora estas não devam ser pensadas como representações numa mente humana, mas como as condições para evoluções e novidades atuais).

Para Deleuze estrutura não se define como uma repetição daquilo de que é estrutura, como se a estrutura fosse uma cópia da estrutura de um objeto externo. Ao invés disso, e surpreendentemente, a estrutura é definida como uma condição necessária para a transformação da coisa. Para Deleuze a estrutura não é um modelo teórico de uma coisa estruturada. É a razão para a transformação e evolução da coisa. Pós-estruturalismo, num sentido deleuzeano, é, pois, a visão de que a estrutura pode ser vista como o limite do conhecimento de uma coisa, onde tal limite é a condição para a evolução e a intensidade viva de algo. Estrutura é uma parte viva das coisas. É-lhes a intensidade e a fonte do vir a ser e da mudança.

Há uma definição contraintuitiva de estrutura, mas Deleuze a explica magistralmente em seu ensaio. Ele é cuidadoso em mostrar por que a estrutura deve concernir a mudança, ao invés da representação. A força desta explicação vem do trabalho realizado em *Diferença e re-*

*petição*. Isto faz do ensaio uma boa introdução ao aspecto pós-estruturalista da obra de Deleuze e, em particular, à sua nova definição do signo e a seu mais importante termo pós-estruturalista: o simulacro. O simulacro é um signo de diferença ao invés de identidade. Resiste à representação e nos convida a repeti-la de novas maneiras.

Em "Como reconhecemos o estruturalismo?" este é visto como um processo continuamente criativo e interpretativo. Deleuze vê sua obra como parte deste processo (HRS: 192). Nas linhas finais do ensaio ele escreve furiosamente sobre livros que se posicionam contra coisas, não deixando nenhuma dúvida de sua atitude positiva para com o estruturalismo. Nem o estruturalismo nem o pós-estruturalismo são primariamente "do contra" ou essencialmente oposicionais. Isto também é verdade para a relação deles. O segundo deve ser visto como a transformação do primeiro, para além do conceito de representação e de definições de diferença em termos de identidade.

Deleuze destaca sete critérios para o reconhecimento do estruturalismo, de modo a dar sua versão desta transformação: o simbólico; localidade ou posição; o diferencial e o singular; diferenciação e diferenciação [*differenciating and differenciation*] (esses termos técnicos permitem a Deleuze distinguir diferenças atuais e os processos que levam a elas desde o que ele chama diferenças virtuais e seus processos, que são grafados como *differenciation*; o serial; espaço vazio; e o movimento do sujeito à prática). Eles funcionam bem como critérios muito genéricos, mas em cada qual ele também dá versões extremas de ideias padronizadas. Isso porque cada um é escolhido para permitir a conceitos fortemente deleuzeanos emergirem. A conexão com o estruturalismo se faz mediante uma série de autores estruturalistas centrais tais como Lévi-Strauss, e mediante uma série de exemplos cuidadosamente construídos. Assim, os critérios permitem uma compreensão geral do estruturalismo em relação com o pós-estruturalismo. Cada critério sublinha o que distingue o estruturalismo daquilo que o precedeu. Cada um também enfatiza características importantes do pós-estruturalismo de Deleuze enquanto um desenvolvimento radical do estruturalismo. A reflexão em termos de reconhecimento é estranha, nos termos deleuzeanos, já que em *Diferença e repetição* ele critica a faculdade de reconhecimento por dar uma distorcida e prejudicial "imagem do pensamento".

Contudo, esta não é uma posição contraditória porque Deleuze não está realmente nos dando critérios para o correto reconhecimento do estruturalismo. Ao invés disso, o que ele está nos dando são critérios para a criação de uma linha de pensamento consistente com o estruturalismo. É como se lhe tivessem pedido para escrever um verbete sobre estruturalismo para uma obra de história, mas ele tivesse decidido responder uma questão diferente, embora usando o formato original. Esta outra questão é de que modo sua filosofia é leal ao estruturalismo e, mesmo assim, é uma versão radical dele? A resposta se dá em termos de características formais, e não de definições essenciais, ou seja, Deleuze explica como as coisas funcionam, ao invés de o que elas são.

O foco na prática também é típico da versão deleuzeana do pós-estruturalismo e, de fato, da maioria das obras pós-estruturalistas. Elas são uma questão de transformação prática e estratégica, com metas políticas e éticas. A questão "O que é isso?" é sempre uma questão inicial equivocada, deste ponto de vista. Estamos sempre lançados numa série contínua de transformações e pressões tensas. A questão correta é como transformá-las e trabalhar com elas: como desenvolvê-las tão intensamente quanto a situação permita, mas sem quaisquer certezas às quais apelar.

A questão do que as coisas são deve ser sempre secundária a esta insistência na relação entre pensamento e vida como uma luta entre forças reenergizadoras e desintensificadoras. O pós-estruturalismo de Deleuze é fortemente nietzscheano em seu senso da vida como vontade de poder e como uma luta estratégica entre niilismo (como a perda da vontade de valorizar a vida) e caos (como o colapso numa caótica falta de determinação). Essa conexão ficou explícita no influente livro de Deleuze sobre Nietzsche, *Nietzsche e a filosofia* (1962).

## O simbólico, posição e localidade

O primeiro critério de Deleuze para o reconhecimento do estruturalismo, o simbólico, segue-se a uma observação inicial de que o estruturalismo tem a ver com linguagem e nada mais. Há estrutura onde há linguagem, e não onde haja coisas ou mentes. O que isso significa é que precisamos de diferenças que aparecem na interação linguística entre significado e coisa, antes que possamos separar deles uma estrutura. De outro modo, poderíamos pensar em termos de coisas "enquanto tais" ou ideias "enquanto tais", sem termos de referir suas relações estruturais.

O ponto de Deleuze é que a estrutura é importante porque é algo mais do que compreendemos ser a coisa objetiva ou o que imaginamos serem as coisas. Ao invés disso, a estrutura deve ser independente daquelas coisas, ainda que parte do que as torna completas para o pensamento. A linguagem é o que permite esta independência, mas também este papel constitutivo.

O estruturalismo é, pois, não uma questão das relações entre o imaginário e o real. Não trata de relacionar nossa imaginação com coisas reais. Não trata de explicar como nossas mentes e objetos vêm a divergir, como se pode fazer que coincidam, e por que elas às vezes se separam e às vezes trabalham juntas. Ao invés disso, há uma região simbólica que nada tem a ver com símbolos enquanto algo essencialmente conectado com o que imaginamos e com o que percebemos.

Este movimento para além da realidade e imaginação é crucial para compreendermos o que o estruturalismo e o pós-estruturalismo têm em comum. Eles se opõem a qualquer privilegiamento do real como algo que possa ser mostrado. Eles se opõem a qualquer privilegiamento da imaginação como um poder mantido em relação com o real. O *pós-estruturalismo de Deleuze não trata do que pode ser mostrado ou do que pode ser imaginado sobre o que pode ser mostrado. Trata, sim, da busca das condições estruturais para o real e para a imaginação. Trata de libertar o pensamento das referências a uma ilusória realidade e a uma limitada imaginação humana.*

Ao contrário, o símbolo não tem a unidade da coisa "real" percebida (não é uma representação bem-definida). Nem tem a divisão interna da coisa imaginada (a distinção delineada entre a imagem e aquilo de que é imagem). Se fosse uma ou outra não haveria nenhum valor superior na estrutura. Ela seria meramente uma forma de referência, compreendida como uma relação representativa entre o que é imaginado e aquilo a que deveria se referir. Portanto, o primeiro passo para libertar o estruturalismo e o pós-estruturalismo de significados e recorrências fixas é deduzir um terceiro termo: estrutura.

A validade de tais deduções e seu fundamento são um dos aspectos mais problemáticos da filosofia de Deleuze. É importante ter em mente questões críticas contra seu pós-estruturalismo, tais como: "Por que essas descrições são verdadeiras?" e "São deduções válidas?" Para irmos além de uma visão meramente descritiva do pós-estruturalismo é importante compreender os novos tipos de argumento e de deduções filosóficas introduzidos por *Diferença e repetição*.

A busca dos critérios para o reconhecimento do estruturalismo é um exemplo de seu método, já que os critérios não são descrições objetivas ou os resultados de uma pesquisa empírica. Antes, eles são deduções das condições necessárias para a significância de uma filosofia que se concentra na estrutura. Essas condições começam pela premissa de que a estrutura tem um valor próprio. O ponto então é explicar as condições para esse valor.

Esta abordagem permite aos critérios dar uma visão complexa da estrutura e de sua relação com as coisas e com a imaginação. É uma dedução da significância do estruturalismo radical como algo que vai além da objetividade (o objeto real) e da subjetividade (nossa imaginação). Mas é importante notar que a dedução é apenas tão boa quanto o poder de suas premissas, no sentido do quão convencidos estamos de que a estrutura é significante de algum modo especial. Isso não significa que o argumento de Deleuze seja circular e que a conclusão seja também a premissa. Ele está deduzindo uma forma de estrutura de sua significância, e não sua significância de si mesma. Isso é típico da obra de Deleuze: ele tenta deduzir as condições formais para a ação estratégica baseada em impulsos ou intensidades iniciais. Sua obra é transcendental no sentido traçado na introdução do presente livro.

No pós-estruturalismo valores e condições não são nunca identidades (como um mandamento "Tomar uma vida é sempre errado") ou uma regra lógica ("uma proposição é verdadeira ou falsa"). Ao invés disso, os valores são puros movimentos (as intensidades variadas de sensações e afetos) e as condições formais são as condições necessárias para esses movimentos: para a resistência deles à identificação. Você começa "onde você sente diferentemente" e não "onde você sabe o mesmo que" ou "segue as mesmas regras ou leis que". Você então tenta encontrar as condições necessárias para a resistência deste sentimento a um retorno à identidade e à mesmice.

Deleuze responde à questão "O que precisamente é estrutura – como ela constitui um terceiro termo simbólico?" com a dedução do próximo critério. A estrutura concerne ao simbólico, sendo o simbólico uma posição ou localidade. Isso não no sentido de uma parte específica do espaço atual (isso seria ainda referência) ou de uma parte específica da imaginação (isto ainda manteria os símbolos como imaginários), mas como um estado do espaço de todas as relações.

Estruturalismo e pós-estruturalismo trabalham com relações, mas essas relações não se dão entre coisas e ideias, mas entre diferentes séries de outras relações. Isso explica a afirmativa acima sobre o espaço, já que as relações podem ser pensadas como construindo um novo espaço próprio, independente de ideias ou referentes correlatos. O que importa não é que A seja correlato a B, mas que a estrutura A-B é diferente da estrutura A-B-C. Portanto, a estrutura não tem a ver com símbolos como algo que possa ser percebido (um sinal de trânsito) e que tenha um significado ("Pare"). Tem a ver com o simbólico como um processo em que o símbolo implica um rearranjo de relações em estruturas (o novo sinal de trânsito implicando outro grupo de relações simbólicas com outros sinais é muito mais amplo).

Estruturalismo radical e pós-estruturalismo se preocupam com mudanças entre diferentes relações. Eles trabalham com as condições relacionais para o aparecimento de coisas a que podemos nos referir na linguagem e para as coisas que podemos sentir. Deleuze usa o termo "transcendental" neste contexto, enfatizando que o trabalho empírico com diferenças efetivas pressupõe estruturas de relações prévias.

Por exemplo, dentro da estrutura constituída de todas as palavras e de todas as combinações delas, diferentes práticas humanas usam diferentes conjuntos de palavras e relações entre elas. O estruturalismo não está primordialmente interessado em como um dado conjunto de relações funciona (embora este tipo de trabalho empírico seja necessário). Ele está interessado no que está em jogo quando um conjunto de relações se distingue de outro (como um dado conjunto vem a ser dado e o que está em jogo quando o é). Este trabalho vai além da observação empírica e se dirige à observação separada de seleções e omissões.

A guinada a um grupo altamente técnico de relações estruturais e linguagem, por exemplo, na compreensão do corpo humano e de sua doença, é, assim, uma separação parcial de um conjunto mais amplo de relações; de fato, de todas as relações. De um ponto de vista filosófico não é prioritário compreender como a abordagem técnica funciona e como suas relações internas são estruturadas. É muito mais importante trabalhar com mudanças entre estruturas de emoções ou estruturas religiosas para a técnica, por exemplo. De fato, qualquer ponto de vista é incompleto sem essa extensão (nunca é suficiente ser apenas técnico, apenas religioso, apenas artístico).

Separação aqui se refere à afirmativa de Deleuze de que o significado depende de um leque prévio de combinações de relações que, elas próprias, não têm nenhum significado fixo. Os estruturalistas não apenas notam que algo significa algo diferente. Eles notam que mudanças em estruturas foram necessárias para este significado emergir: "o sentido sempre emerge da combinação de elementos que não são, eles próprios, significativos" (HRS: 175).

Deleuze afirma esta mudança de tópico como uma condição para o movimento a um espaço de relações, ao invés do espaço de coisas (um mundo objetivo a que possa ser referido) e do espaço da imaginação (a mente). Este novo espaço não permite o tipo de desvencilhamentos disponíveis em outros (em termos de objetos, mentes ou ideias individuais). Relações estruturais são completas no sentido de que uma relação está conectada a todas as outras. Assim, quando uma dada estrutura emerge, é apenas por focar algumas relações ao invés de outras. Mas as relações "descartadas" ou "separadas" ainda estão aí como um *background* para as selecionadas.

Ao se lidar com objetos ou coisas imaginadas, é admissível pensar que possamos considerá-las em abstrato; apreender um objeto ou uma coisa imaginada sem considerar todas as outras. Com relações estruturais isto não é possível. Ao assinalá-lo, Deleuze está trazendo o estruturalismo a um compromisso com a completa conectividade característica de sua filosofia. Sua filosofia é da completude, sendo absurda a noção de uma verdade final sobre um objeto abstrato em si ou sobre um conteúdo particularmente. Estamos conectados a todas as coisas e todas as coisas estão em nós, como nós nelas.

Uma primeira consequência desta condição transcendental de completa conexão, notada por Deleuze, é que deve sempre haver uma superprodução de sentido, uma vez que qualquer espaço dado de relações é sempre uma seleção feita em um espaço mais amplo. Há sempre mais combinações além daquelas que vieram a ser selecionadas ou sublinhadas numa dada situação. Esta visão é desenvolvida através de suas novas definições do signo e de sentido, em *Diferença e repetição* e *Lógica do sentido* (1969). Signos são múltiplas estruturas móveis de relações, ao invés de relações binárias. Sentido não é significado; é a ruptura de identidade em significado e conhecimento através da sensação.

Esta superprodução significa que o sentido emerge não contra um *background* de não sentido (algo como o absurdo existencialista), mas contra um excesso de sentido devido ao *background* de outras combinações. Embora influenciado em seus anos iniciais por Sartre, Deleuze não pode ser um existencialista. Para ele, a vida não é absurda, mas infinitamente complexa.

Este trabalho sobre combinações determina uma segunda consequência: a preocupação do estruturalismo com jogos e brincadeiras. Cada brincadeira atual é uma seleção ao acaso a partir de um leque mais amplo. Deleuze liga isto com uma das afirmações mais importantes de sua filosofia: Cada vida é sempre uma seleção casual e criativa – um lance de dados.

Seu pós-estruturalismo é assim comprometido com a abertura e oposto à determinação. É um antinaturalismo e um antideterminismo. Assim, onde Deleuze ainda fala em destino, por exemplo em *Diferença e repetição*, e em *Lógica do sentido*, ele não quer dizer um destino predeterminado. Mas tampouco quer dizer um destino sob o controle de um livre-arbítrio humano. Ao invés disso, um destino deve ser conectado com todas as coisas num modo singular que exige seleções e experimentações ao acaso. Às vezes isso quer dizer que a filosofia de Deleuze é descrita como um empirismo superior, ligando-se com sua obra anterior sobre Hume, *Empirismo e subjetividade* (1953). Mas o significado de empirismo aqui é em termos de uma experimentação aberta com uma vida, ao invés dos específicos e limitados experimentos do empirismo científico.

De acordo com esta distância ante o livre-arbítrio humano, os aspectos formais de jogos e relações estruturais implicam uma terceira consequência: o estruturalismo não pode ser uma forma de humanismo. O pós-estruturalismo de Deleuze se opõe ao humanismo, no sentido particular de dar uma prioridade fundamental ao humano em qualquer sentido de valores. Isto porque a estrutura que permite a determinação do humano e de valores humanos começa com uma seleção de relações que é, ela própria, anterior ao humano. Deleuze afirma que o estruturalismo "deve ser um anti-humanismo" – não porque se oponha a valores humanistas, se opõe sim ao privilegiamento destes valores como o fundamento do pensar.

Aqui podemos começar a ver como a explicação por Deleuze do estruturalismo é também uma explicação de sua versão do que também pode ser chamado de pós-estruturalismo como um movimento criativo que enfatiza abertura, jogo (no sentido já visto em Derrida) e uma oposição a verdades ou valores finais ou absolutos. Deleuze foi capaz de fazer isto focalizando aspectos muito puros e formais do estruturalismo, ao invés de estruturas específicas. Ele levantou as questões tipicamente deleuzeanas "Como as estruturas emergem?" e "Sob quais condições elas emergem?" para dar uma descrição radical e muito pura do estruturalismo, alinhada com suas formas pós-estruturalistas mais abertas e radicais, incluindo a própria obra de Deleuze.

### Estruturas e determinação recíproca

O movimento de Deleuze de um estruturalismo rígido ao que podemos chamar pós-estruturalismo transparece ainda mais fortemente com o próximo critério para "reconhecer" o estruturalismo. Para Deleuze, o estruturalismo explica a emergência de relações estruturais específicas contra um pano de fundo de outras. Esta emergência depende da determinação recíproca de relações uma pela outra. Uma relação numa estrutura não tem nenhum sentido independente. Ela aparece tão somente devido a sua relação com outras e devido à relação das outras com ela.

Há portanto apenas relações de determinação recíproca (A determina B, e B determina A), ao invés de relações nas quais um lado determina outro, sem via de mão dupla. Este segundo tipo de relações são transcendentes no sentido de que a relação dominante transcende paira acima e se mantém independente de uma relação inferior. Deleuze é totalmente contrário à transcendência. Relações são sempre recíprocas e sua filosofia é da imanência: todas as coisas estão conectadas num só mundo e nada pode pretender ser externo e superior.

Relações estritamente diferenciais são, pois, descritas como puras diferenças, e não como coisas com determinados significados fora de estruturas. Elas são determinadas apenas por relações com outras e relações com coisas atuais. Pelo conceito de determinação recíproca, Deleuze privilegia o sistema ou multiplicidade de relações sobre seus elementos ou relações individuais. Isso significa que ele não permite a relações individuais terem uma identidade reconhecível, já que isto lhes daria uma relação transcendente ao sistema ou multiplicidade.

Determinação recíproca entre diferenças é talvez a ideia mais importante de *Diferença e repetição*. O fato de que aparecia no ensaio sobre estruturalismo é portanto muito importante ao estabelecer continuidade entre o estruturalismo e o pós-estruturalismo de

Deleuze. Não temos uma escolha entre diferentes teorias: estruturalismo ou pós-estruturalismo. Ambos são conectados por condições compartilhadas, e cada qual é bem ou malsucedido conforme dá conta de suas condições.

As definições radicais por Deleuze de estruturalismo e estrutura são coerentes com a definição de pós-estruturalismo como a incorporação dos limites do conhecimento, onde os limites sejam definidos como puras diferenças. A estrutura é um limite composto de puras diferenças. Uma estrutura específica articula uma seleção de relações e estas, por sua vez, determinam os pontos significantes da estrutura, isto é, os pontos em que se encontram as relações que foram selecionadas.

Deleuze chama esses pontos significantes de as singularidades da estrutura (sua inspiração para este termo é matemática). Singularidades permitem a determinação completa da estrutura além das relações, nos pontos onde elas se agrupam. Pontos singulares são importantes para a versão deleuzeana do estruturalismo radical (ou pós-estruturalismo) porque eles focam o pensamento nos pontos onde as relações e espaços mudam. O que importa são os pontos de bifurcação de um sistema, onde ele pode ser diferente e onde as seleções podem fazê-lo e o fizeram diferente. De novo, o pensamento não é sobre essências ou verdades, mas sobre evoluções, mudanças e diferenças.

Estrutura, no estruturalismo radical, é sempre uma questão de puras diferenças, ou seja, variações entre relações que, elas próprias, são apenas e sempre relações variáveis. Dá-se a essas relações maior determinância pela emergência dos pontos onde diferentes estruturas se encontram: singularidades. Mas como podemos reconhecer puras diferenças? Como elas fazem sentido para nós? Como puras diferenças, variações e singularidades interagem com o mundo de objetos e coisas imaginadas? Em suma, qual é a conexão entre a estrutura, como condição rarefeita e o mundo do qual se supõe que ela seja uma condição?

Para responder a tais questões Deleuze se volta a outras condições ou critérios para o reconhecimento do estruturalismo. De acordo com a quarta diferenciação [*différenciating*] e diferenciação [*differenciation*], uma estrutura é real sem ser atual; ou seja, qualquer estrutura como um espaço de relações poderia tomar diferentes formas atuais. Assim uma estrutura, embora real "sem ser atual e ideal sem ser abstrata", deve ser depois determinada pelas formas atuais que a expressam. Ou seja, ela deve ser expressa em formas identificáveis atuais.

Deleuze chama este processo de "atualização". Através dele relações estruturais ideais se tornam expressas em partes e espécies atuais. Mas, reciprocamente, partes e espécies atuais se tornam conectadas com relações estruturais bem mais amplas. Deleuze afirma portanto que a estrutura produz o atual. Isso significa que o atual é incompleto quando visto como independente das seleções estruturais requeridas por uma dada estrutura a ser relacionada com um dado grupo de espécies e partes.

Isso explica por que sua versão radical do pós-estruturalismo é importante: nós não compreendemos nem podemos criar com coisas atuais de uma maneira completa se não dermos conta das estruturas ideais às quais elas são correlatas. As seleções e criações que tiveram de ocorrer para uma dada espécie e conjunto de partes, e o conjunto aberto de outras relações, são centrais para trabalhar pela evolução e futuro das coisas atuais: "a gênese, como o tempo, vai do virtual [o ideal] ao atual, da estrutura a sua atualização" [DR: 252].

Este apelo a relações de determinação recíproca entre estruturas e entre o ideal ou virtual e o atual mostra a natureza metafísica exigente do pós-estruturalismo de Deleuze. Ele é o mais inventivo criador moderno de novos conceitos e sistemas e faz as mais difíceis reivindicações da realidade de novas e estranhas visões filosóficas da realidade. Em termos desta dificuldade, é útil ver como esses sistemas se relacionam com visões mais simples da estrutura, como no seu artigo sobre o estruturalismo. É também útil contrastar Deleuze com Derrida e notar como ambos estão preocupados com a pura diferença e com a crítica da identidade. Contudo, onde a desconstrução está sempre envolvida com a destruição da metafísica e com seu retorno, mesmo na desconstrução, Deleuze parece mais feliz em construir uma metafísica mais capaz de lidar com exigências de filosofias radicais da diferença.

Seria um erro, contudo, opor os dois pensadores. Isso porque Deleuze nunca constrói uma metafísica baseada em origens e em presença no sentido de Derrida. Isso explica por que o primeiro tenta definir o estruturalismo independentemente de uma realidade fundante ou poder de imaginação identificáveis. Igualmente, é possível pensar os termos-chave de Derrida dentro da metafísica de Deleuze, em particular onde os dois tentaram trabalhar as condições transcendentais diferenciais para coisas atuais. Há importantes diferenças sutis, mas julgamentos grosseiros de oposições nunca vão lhes captar a significância.

Assim, para Deleuze, a estrutura virtual nunca é a de um inconsciente humano nem de uma imaginação humana. Ambos imporiam limites externos sobre como as estruturas poderiam ser combinadas. Estruturas são essencialmente problemáticas para Deleuze, no sentido em que relações nunca podem ser resolvidas segundo uma lógica final que dê as regras de sua combinação. Ao invés disso, estruturas envolvem encontros contingentes e tensos, bem como aleatórios, que seriam caóticos exceto por sua relação com identificações atuais que nunca as resolvem como problemas, mas pode fazer avançar o problema e dar-lhe forma temporária. Isso significa que seu pós-estruturalismo se opõe ao logicismo, mas também a qualquer sentido programático ou lógico de sínteses ou tendências totais. Isso é frequentemente referido ao seu anti-hegelianismo, alegação demasiado simplista que perde de vista débitos profundos e complexas relações diferenciadoras.

### Problemas (não questões), séries (não identidades), síntese (não abstração)

Deleuze insiste na importância do conceito do problema, ao lado do conceito da questão. Esta é uma faceta muito importante do pós-estruturalismo que pode ser associada a muitas de suas formas porque mostra o aspecto inacabado do movimento. Problemas, no sentido de Deleuze, são inacabados e contínuos – no sentido de que todos os problemas são inter-relacionados –, enquanto que as questões são limitadas pelas respostas. Estas podem exigir novas e diferentes questões, mas as questões originais permanecem resolvidas.

O pós-estruturalismo se opõe a verdades fundantes e a metas (ou mesmo direções) finais. Esta oposição requer um modo de pensar diverso do tipo de perguntas e respostas. A guinada para os problemas se explica pela exigência de levar as coisas adiante, mas sem resolvê-las. Não pergunte "O que é isto?", "O que é melhor?", "Aonde vamos?" ou "O que é o bem?" Pergunte "Por que essas questões são insolúveis?", "Que tipos de problemas complexos elas pressupõem?", "Que tensões e paradoxos estão em jogo aqui?" e "Como estou determinado a conduzir o problema?" Como às questões "Por que deveria haver qualquer movimento?" e "O que determina um problema, em primeiro lugar?" Deleuze responde a ambas por dois outros critérios de reconhecimento do pós-estruturalismo. Um problema é determinado pelas relações seriais de estruturas, ou seja, pelo modo no qual diferentes estruturas se encontram e se chocam.

Não há estrutura sem tais encontros, já que estruturas são sempre seleções dentre todas as outras. Contudo, aquelas seleções organizam diferenças que levantam problemas referentes a como as estruturas se relacionam em geral. Problemas são definidos pelo modo como estruturas não se encaixam e ainda assim têm impulsos internos a encontrar esse encaixe. Se há estruturas condicionando tanto a realidade atual quanto a imaginação, então deve haver problemas, pois de outro modo as estruturas iriam apelar a uma ou a outra.

É útil ver isso em termos concretos, por exemplo, um choque de culturas. Da perspectiva pós-estruturalista, o choque entre duas culturas define ambas, mas ambas são também impulsionadas a resolver o choque (mesmo uma reação violenta é um impulso para algum tipo de resolução). Contudo, pensadores pós-estruturalistas querem nos curar do pensamento de que deveria haver uma resolução final (por mais que pacífica). Isso porque problemas estruturais insolúveis são a condição para a evolução de coisas e sistemas vivos.

O melhor que temos a fazer é levar adiante as tensões e bloqueios e usá-los como oportunidades criativas para o revigoramento da vida, livre da ilusão de que um dia, graças às verdades certas, tudo virá a ser pacífico, ou pelo menos posto nos trilhos rumo à paz. Esta ilusão é a fonte de uma forma de violência própria ao pensamento que todos os pensadores pós-estruturalistas tentam evitar, mas em diferentes bases e por diferentes métodos.

Isso não implica que o pós-estruturalismo, conforme caracterizado por Deleuze, seja uma forma de relativismo. Há princípios para seleções, tanto na resistência à identificação (e portanto a formas de racismo ou nacionalismo, por exemplo) quanto na exigência de conectar ao invés de dividir (e portanto de uma exigência de sempre buscar onde estamos conectados com outrem através de sensações e estruturas). Isto não é uma filosofia do "vale-tudo" (como veremos com Foucault, adiante). Não é uma filosofia niilista baseada em indiferença. Bem ao contrário: é uma filosofia do sempre resistir a falsas representações e verdades limitadas finais e nunca ver uma diferença como sendo uma diferença entre identidades essenciais. É também uma filosofia do procurar as intensas conexões que relacionam você às vidas dos outros e que intensificam tais relações. É compromisso com princípios como evitar a violência implicada pela negação de outros valores e experimentar com modos de expressar conexões que se tornaram inativas.

Muito longe da irresponsabilidade de um relativismo caricatural (que diz algo sobre a necessidade por tais caricaturas, em sistemas de pensamento frágeis), a filosofia de Deleuze nos desafia a encontrar um rumo através de problemas. Este rumo é guiado por princípios afirmativos referentes a intensas conexões e por princípios secundários referentes à evitação de falsas representações, o que Deleuze chama de estupidez.

Assim, quando Deleuze privilegia problemas, mais que questões, o propósito é mostrar-nos como o pensamento é um modo de descobrir um caminho singular através de uma série de tensões nas quais estamos imersos. Pensar em termos de questões, tais como "Qual é a coisa absolutamente certa a fazer?" é incoerente com a exigência de evitar representações finais (incluindo-se aquelas que estariam implicadas nesses direitos absolutos, por exemplo, na noção de um mal absoluto oposto a este direito).

Os problemas também são determinados, entretanto, pelos objetos que participam na expressão ou atualização de cada estrutura. Isso porque diferentes estruturas devem se relacionar no atual, se elas também se relacionam como ideal ou virtual. É também porque um problema meramente virtual ou estrutural não tem especificidade e é caótico até que seja expresso numa dada situação. Um problema não é completo até que se tenha tornado específico e determinado conforme partes atuais.

Com efeito, não há nenhum problema virtual ou ideal até que seja um problema para uma situação atual. O problema não teria importância sem sensações reais que ele condiciona e que o expressam. Podemos pensar nisto em termos de uma analogia com a relação entre um modelo teórico e suas aplicações práticas. Ao modelo para a resistência de pontes falta alguma coisa até que este seja aplicado na construção de pontes específicas. Em termos deleuzeanos há uma recíproca determinação entre o modelo e a aplicação, pois o modelo é alterado em resposta a experiências práticas e a prática é guiada pelo modelo.

Mas o modo como problemas ideais e suas expressões atuais se relacionam não pode resolver suas diferenças. É por isso que Deleuze chama nossa atenção para uma dedução adicional do sexto critério: o espaço vazio. O estruturalismo deve operar com a noção de um lugar vazio pelo qual diferentes estruturas passam. O lugar deve estar vazio, de outro modo não seria compatível com uma ou outra das estruturas ou colapsaria a diferença entre elas. Os estruturalistas, portanto, dependem de definir ou, antes, criar, este lugar ou objeto vazio ("objeto = X"). Pela circulação ao longo de diferentes estruturas e entre elas, ele permite a estruturas ideais e expressões atuais delas se comporem e ganharem uma dificuldade energizante (no sentido de suscitarem tensões e problemas que exigem expressões atuais, mas que também limitam resoluções práticas finais).

Deleuze argumenta que o objeto ou lugar é necessariamente uma causa de interpretação e criatividade. Isso porque tal vazio necessita ser preenchido, no sentido de que, quando encontramos algo sem significado, buscamos determinar o que ele significa. Embora, neste caso, esse significado não possa ser objetivo ou definido desde algum sistema dado, pois relaciona diferentes estruturas entre si.

Se houvesse uma regra e objetividade definitivas para determinar o objeto, essa regra determinaria uma superestrutura para a resolução de problemas e para trazer o estruturalismo de volta, uma vez mais, à oposição entre realidade atual e o imaginário. Assim o objeto = X é criado ou interpretado não em termos de seu significado interno, mas sim do modo como se relaciona com outras estruturas e situações.

O pós-estruturalismo de Deleuze consiste em somar estruturas e criar expressões em torno de "objetos" atuais difíceis e enigmáticos e em termos de problemas ideais. O objeto = X ou lugar vazio se relaciona, assim, com indivíduos e com seus diferentes modos de reagir ao e criar com o objeto. De fato, Deleuze usa o termo "lugar vazio" para evitar ter de usar o termo "objeto", pois isto o sobredeterminaria e privilegiaria certas estruturas (umas ligadas a noções de objetividade e conhecimento, entre outras).

Por exemplo, tomemos um pedaço de terra em disputa por pretensões concorrentes e incompatíveis. Essa terra tem um *status* de lugar vazio ou objeto = X. Assume diferentes significâncias para diferentes estruturas e situações. A filosofia de Deleuze consiste na criação de novos modos de organização em estruturas que levem um conflito bloqueado a se abrir. Não se trata de resolver o conflito, e menos ainda de decidir em favor de um ou outro lado. Trata-se de introduzir novas sensações e ideias que ponham os dois lados em movimento para além de uma crescente oposição decorrente do acirramento de representações antagônicas. É claro que não há garantias de sucesso, quanto mais de uma paz perpétua. Mesmo assim, ao abrir a situação, ao forçar identificações embrutecedoras e excludentes a se romperem, o pós-estruturalismo de Deleuze pode ser um fator poderoso de mudança política.

Esta abertura criativa não precisa ser pensada em termos artísticos. Em seu trabalho para o Groupe Informations Prisons com Michel Foucault, a ação política de Deleuze envolveu a procura de novos modos de ressarcir prisioneiros submetidos a formas ostensivas ou veladas de repressão nas prisões. Por exemplo, ao reunir ex-detentos com ainda prisioneiros, o grupo lhe permitia tornar públicas as medidas de agentes carcerários de maneiras que não eram possíveis antes (pois os agentes tinham o poder para compensações ulteriores àqueles sob sua vigilância, mas não tinham tal poder sobre os outros). Ou se poderia pensar em termos psicanalíticos através da obra de Jacques Lacan, na qual um similar movimento para além do pós-estruturalismo tradicional é consumado mediante um estudo do objeto em relação com a libido e com o inconsciente (cf. capítulos 4 e 6, sobre Lyotard e Kristeva).

A chave para a ação política nas prisões foi romper as divisões simples em torno do discurso prisional e estruturas atuais e ideais (dentro/fora; inocente/culpado; fora de lei/estado oficial; malfeitor/guarda), para assim permitir novos modos para expressar os equívocos implicados naquelas. Por exemplo, encontros foram organizados com prisioneiros, guardas, famílias de prisioneiros, médicos e ativistas. Tais encontros desnudaram modos estabelecidos de pensar e agir e os forçaram a enfrentar desafios de modos novos: "Algo novo está acontecendo nas prisões e em torno delas" (WPU: 285).

**Contestando a identidade do sujeito**

O lugar vazio ou objeto = X em estruturas atuais e sua relação com as ideais levam a uma última condição para o estruturalismo radical e para o pós-estruturalismo de Deleuze. A ausência de controle final daquele lugar enigmático e sua relação com problemas ideais são um desafio para a noção fundante do sujeito.

O sujeito do conhecimento e da ação – o conhecedor e o agente – é desestabilizado por sua relação com lugares vazios e com eventos que o arrojam na, mas que resistem à sua compreensão. Há sensações que transmitem um senso de significância; sentimos que elas são importantes, mas essas sensações são também barreiras à identificação satisfatória: não podemos compreender totalmente aquela importância.

Este desafio trabalha pelo conhecimento estabelecido quando apresentado com casos limítrofes que ele não pode manejar; aqui há algo de que não podemos dar conta. Mas ele também trabalha por métodos reconhecidos de adquirir novo conhecimento. Para os métodos, o caso limítrofe é um desafio à forma do método, e não ao estado de conhecimento que ele tem num dado momento; aqui há algo que não poderíamos compreender sem mudar nossas visões da verdade. Contudo, é muito importante evitar um grave mal-entendido neste ponto. É também importante perceber que mal-entendidos são possíveis devidos às cerradas deduções e argumentos propostos por Deleuze. Sua filosofia não é um convite a criar livremente em termos de sua própria interpretação (ou tudo mais).

As observações sobre o sujeito não têm nada a ver com eliminá-lo ou afirmar que podemos ultrapassá-lo de uma vez por todas. Elas não consistem numa oposição ao sujeito, mas na percepção de que a pretensão dele a ser um fundamento da verdade (no conhecimento) ou da ação (pelo livre-arbítrio) é ilusória. Daí por que Deleuze fala em contestar a identidade do sujeito, e não em tê-lo suprimido:

> O estruturalismo não é de modo algum um pensamento que elimina o sujeito, mas um pensamento que o abala e sistematicamente o distribui. É um pensamento que contesta a identidade do sujeito, que a dissipa e o força a se mover de lugar em lugar, um sujeito sempre nômade, feito de individuações, porém impessoais, ou de singularidades, porém pré-individuais (HRS: 267).

Essa passagem resume muitos dos aspectos significativos da abordagem radical por Deleuze do estruturalismo e de sua própria tomada de posição pelo que podemos chamar pós-estruturalismo. Ele nunca usa o termo no ensaio sobre o estruturalismo. De fato o termo, embora existindo antes dos anos de 1960, tinha pouca circulação até bem mais tarde, nos anos de 1980.

É importante ver que Deleuze não chama de estruturalismo um método, ou forma de conhecimento, mas "um pensamento". Esse é seu modo de insistir tratar-se de uma prática viva, com condições flexíveis, mas nenhuma regra ou corpo de conhecimento fixos. Ele tem condições transcendentais e características, mas que não levam a uma identidade fixa. Em segundo lugar, não há nenhuma eliminação do sujeito, mas sua sistemática distribuição; ou seja, o sujeito é disposto em estruturas diferentes e incomensuráveis (estruturas sem regra ou norma ou medida comum). Esta disposição significa que o sujeito deve ser móvel. O sujeito não é capaz de finalmente reunir ou juntar sua disposição numa ordem final. Antes, o sujeito é compelido a seguir sua dispersão: lançado a uma existência nômade, ao invés de ser capaz de mensurar e mapear os espaços ao seu redor.

Este sujeito nômade não é universal, mas radicalmente individuado segundo os diferentes modos pelos quais estruturas e "lugares vazios" o controlam. Assim, não é mais o caso de que sujeitos possam ser reunidos sob a bandeira de um mesmo conhecimento ou capacidade para conhecimento ou livre-arbítrio. Antes, eles são frouxamente relacionados mediante estruturas que se servem de cada um deles de diferentes modos. Isto explica por que as individuações devem ser impessoais, já que de outro modo a definição de "pessoa" proveria uma base centralizadora para nivelar a individuação; seríamos todos diferentes, mas como pessoas. O mesmo vale para singularidades, ou seja, os pontos intensos que nos prendem a diferentes estruturas ideais. Elas não podem ser compreendidas em termos de uma definição completa de um indivíduo humano, pois então a definição de humano atravessaria estruturas e reduziria suas diferenças. As singularidades não mais seriam prévias e determinantes.

O pós-estruturalismo de Deleuze é pois uma via radical de pensar sobre individuação e singularidades. Sensações, intensidades e mudanças em estruturas fazem de cada um de "nós" um indivíduo, e não uma pessoa individual do ser humano, ou sujeito. Cada indivíduo é o todo do mundo sob uma perspectiva singular, ao invés de um sub-ramo do grupo dos seres humanos ou pessoas. Sensações são sentimentos que vão além de rígidas percepções em comum. Antes, são relações individuais com eventos e que não podem ser diretamente relacionadas com outrem.

Intensidades são os graus dessas sensações conforme elas se relacionam com estruturas atuais: como essas estruturas são significativas diferentemente para cada indivíduo. Podemos dizer que diferentes eventos são intensos de diferentes maneiras para cada um de nós; por exemplo, na maneira como uma cena leva a uma variedade de diferentes reações, mas também na maneira como cada participante sente um obstáculo para a completa expressão de sua diferença ante os outros.

Essas diferenças exigem uma nova política e ética, uma vez que nos forçam a ir além de noções acerca de normas e valores intersubjetivos compartilhados. Elas também nos forçam a ir além das noções de comunicação perfeita ou verdades significativas em comum. Isto não é negar que haja normas e valores, verdades e comunicações. É negar que elas tenham um papel fundamental determinante a desempenhar. Elas não são as bases sobre as quais a ética e a ação política deveriam ser construídas.

Ao invés disso, Deleuze argumenta que a política estruturalista é uma questão de resistir dois "acidentes" que podem ocorrer nas estruturas. Primeiro, há o risco de o espaço vazio se descolar dos indivíduos, ou seja, que situações atuais percam sua intensidade e percam os impulsos que os movimentam e põem em relação com problemas. Este é o desafio do niilismo. Uma vez que situações atuais negativas sejam vistas como necessárias, elas se tornam causa de desespero. Nós deparamos, então, com o perigo de perder qualquer senso de valores, isto é, sensações que nos impulsionam a experimentar com a situação em sua relação com problemas ideais. Em segundo lugar, há o risco de o espaço vazio se tornar excessivamente identificado ao longo das situações e estruturas. Isto implicaria que um único grupo ilusório de crenças e sistema de conhecimento dominaria todos os outros, assim levando a uma falsa ortodoxia. O pós-estruturalismo é sempre refratário a este risco, devido a seu compromisso com diferenças estruturais contínuas como condições para a atualidade.

Em relação a estes dois perigos inevitáveis, Deleuze define o estruturalismo radical ou pós-estruturalismo como uma prática criativa que está sempre voltada à mutação de situações atuais em sua relação com estruturas ideais. O pós-estruturalismo é uma prática de revolução permanente:

O ponto de mutação precisamente define uma práxis, ou antes o lugar onde a práxis deveria ser instalada. Já que o estruturalismo não é apenas inseparável dos trabalhos que ele cria, mas também de uma prática em relação com os produtos que ele interpreta. Seja esta prática terapêutica ou política, ele designa um ponto de revolução permanente, ou transferência permanente (HRS: 191).

O ensaio de Deleuze sobre o estruturalismo é um signo desta revolução. Isto explica o porquê de o ensaio se encerrar com notas sobre transformação, já que, num sentido, ele nos está guiando para além da questão "Como reconhecemos o estruturalismo?", para a questão "Onde o estruturalismo agora, com quais intensidades, para este indivíduo?"

Isso também explica por que a obra de Deleuze resiste a qualquer distinção final entre estruturalismo e pós-estruturalismo, já que tal divisão negaria a abertura das situações e estruturas e o poder de transformá-las sem introduzir oposições e descontinuidades. Temos de usar os termos "estruturalismo radical", "pós-estruturalismo" e outros que se arriscam a identificações. Mas, para Deleuze, deve-se resistir aos termos quando eles começam a enrijecer o pensamento.

### O simulacro

Há pelo menos duas outras fontes para uma compreensão da evolução por Deleuze do estruturalismo ao pós-estruturalismo. A primeira é sua reflexão sobre os signos nas obras sobre Proust, *Proust e os signos* (*Proust et les signes*) (1964 e 1970, com material adicional). A segunda é seu desenvolvimento do signo em *Diferença e repetição* mediante um novo conceito do signo associado ao de simulacro. Os dois livros respondem a questões que ficaram pendentes no ensaio sobre o estruturalismo. Que nova teoria do signo devemos ter para dar conta da mobilidade e das transformações implicadas pela definição deleuzeana da estrutura como pura variação em relação com a atualização? Que justificativa pode haver para tais teorias?

No prólogo de *Diferença e repetição* Deleuze começa a responder estas questões opondo dois sentidos de repetição: a repetição do mesmo e repetições da diferença. Na primeira, a repetição é secundária à identidade e se diz que uma coisa é repetida, se a mesma coisa pode ser identificada em diferentes lugares. Nas segundas, a repetição é uma variação numa série, em que a variação é, ela própria, refratária à identificação.

Essa distinção leva a dois diferentes sentidos de diferença: diferença como uma diferença entre identidades e diferença como pura variação (ou diferença em si – para evitar definições prévias de pureza). O desafio da filosofia de Deleuze é ver a identidade como uma necessária, mas incompleta parte da realidade, dependente de séries mais profundas de variações de diferenças: "As identidades são apenas simuladas, produzidas como um "efeito" óptico por um jogo mais profundo, o da diferença e repetição" (DR: 1)

Contudo, isso significa que fundamentos familiares para o estruturalismo e, de fato, para visões da realidade ditadas pelo senso comum de modo mais amplo, devem ser abolidos, porque falsos. O signo não pode ser uma relação entre um significante identificado (uma identidade percebida) e um significado representado (um significado numa mente ou acessível às mentes). O signo deve ser outra coisa, um simulacro: "No simulacro, a repetição é já repetição de repetições e a diferença é já diferença de diferenças" (DR: 2). No prólogo Deleuze dá um útil exemplo geral desta mudança da identidade para a variação. Ele descreve uma oposição entre a repetição do mesmo na vida diária mediante a reprodução mecânica e novos esforços de restabelecer pequenas variações e modificações dentro delas. Podemos ver tais variações nas janelas e cortinas de vastos edifícios modernos. Cada morador resiste à mesmice das repetidas janelas idênticas tentando conferir uma marca individual ao mesmo espaço reproduzido.

O desafio para Deleuze, contudo, é mostrar como esta marca individual não é uma representação e mesmice em menor escala (na percepção de um padrão representado e de seu significado ou na identidade de flores particulares e padrões de plantio e seu significado). Isso é o que o conceito de simulacro tenta fazer: dizer que um signo não é uma relação entre identidades, mas uma intensa sensação individual associada com um movimento dentro de todas as identidades atuais e com variações dentro de todas as estruturas virtuais ou ideais. Assim, no exemplo das janelas, não é o fato de haver diferenças identificáveis que importa. Antes, é o que elas expressam sobre variações não identificáveis nas sensações e ideias dos indivíduos envolvidos na criação e experiência das janelas variadas. Para Deleuze, cada variação identificável é um sinal para processos muito mais profundos. O simulacro é a síntese, a reunião do sinal e dos processos.

O próprio simulacro não pode ser representado, já que isto, de novo, submeteria a diferença à identidade. Ao invés disso, Deleuze fala do simulacro completo, isto é, pensado em termos de todos os processos que ele junta. Mas isso não significa que possamos ter uma representação total da coisa toda. Temos um senso da coisa e um leque de instruções ou diagramas sobre o que ele sintetiza e como. Mas isto não quer dizer que possamos apreender a coisa como um todo e em todas as suas partes.

O conceito de simulacro é mais desenvolvido em duas partes cruciais de *Diferença e repetição*: ao final do capítulo sobre diferença e do capítulo sobre repetição. Isso é significativo na medida em que mostra como o conceito reúne todos os aspectos do argumento de Deleuze e como é central à sua filosofia. Na primeira parte Deleuze começa criticando Platão por definir o simulacro como um declínio da coisa em si. Para Platão o simulacro é uma cópia, uma representação, uma identificação diminuída de uma identidade plena. Para Deleuze não há essa identidade plena como condição para as cópias. Isso leva a uma bem-conhecida divisão de seu pós-estruturalismo: inverter o platonismo. Isso não significa removê-lo, mas "negar a primazia do original sobre a cópia, do modelo sobre a imagem" (DR: 92).

No pós-estruturalismo de Deleuze signos não são "signos para" ou "signos de" algo externo a um sistema de signos. Significantes não são primordialmente significantes de um significado mais importante. Este significado não é primordialmente um significado para um objeto mais importante, ou um significado a ser remetido a uma cadeia de significados que levem a verdades últimas. Antes, há tão somente cópias e signos, livres de qualquer referência externa a objetos ou significados últimos. Tais cópias são simulacros, ou seja, variações de outros simulacros ou diferenças. Para o pós-estruturalismo – no sentido de um estruturalismo que vem após sentidos últimos de realidade ou significado – deveríamos "glorificar o reino dos simulacros e reflexos" (DR: 92) ao invés da abstrata região das formas ou ideias puras.

Aqui, Deleuze se junta às críticas de Derrida e Foucault à origem. Não há nenhuma origem, apenas uma cadeia externa de simulacros interconectados. Nada existe fora de tais cadeias. O que significa que tudo depende de sua repetição e não tem nenhuma realidade independente externa a essa repetição: "tudo existe apenas em retorno, cópia de uma infinidade de cópias que não permite nenhum original, nem mesmo a uma origem, subsistir" (DR: 92). Deleuze expressa esta ideia em termos de uma versão especial da doutrina de Nietzsche do eterno retorno: tudo retorna, mas apenas como diferente e apenas como variação. Assim, o mesmo nunca retorna. Apenas a diferença retorna. Isso significa que a doutrina de Nietzsche, vista como uma lição moral (se a mesma vida retorna externamente, você deveria fazê-la valer a pena), é transformada numa visão sobre a realidade (o real pode apenas ser variações ou séries de variações e a identidade é apenas uma ilusão passageira).

Isso oferece uma resolução muito forte dos paradoxos e contradições da doutrina de Nietzsche. Se apenas o mesmo retorna, como então teria sentido ver o eterno retorno como uma lição moral? Mas se eu fosse mudar meu comportamento, isso implicaria uma mudança no que retorna eternamente, o que contradiria a premissa inicial. Assim, Deleuze acrescenta que não é jamais o mesmo que retorna, mas a diferença, em sua relação com a mesmice que nunca retorna. Além do mais, essa diferença que volta não pode, em si mesma, ser identificável, pois assim uma versão do mesmo ainda retornaria. Portanto, só a pura diferença pode retornar.

Este trabalho altamente metafísico pode parecer muito abstrato. Mas é o coração do trabalho de Deleuze em *Diferença e repetição*. Primeiro, é a explicação-chave para a relação da diferença com a mesmice na repetição. Segundo, oferece uma explicação do papel de criação na filosofia deleuzeana do tempo e uma via fora dos conceitos lineares de tempo (através da circularidade muito especial do eterno retorno). Terceiro, a definição do simulacro tem consequências de longo alcance para uma compreensão do pós-estruturalismo de Deleuze (como prática). Nós nos pomos à altura do desafio da realidade apenas quando buscamos introduzir variações na mesmice. A vida deve ser criativa e experimental se retém a intensidade do retorno de diferenças na mesmice.

O pós-estruturalismo é incompatível com noções lineares de tempo porque elas privilegiam um senso externo de tempo como uma linha na qual os eventos têm de tomar lugar. Para o pós-estruturalismo os eventos têm efeitos que se espalham pelo tempo, para frente e para trás e em ondas indivisíveis de determinação recíproca, ao invés de como sucessões de instantes com relações causais entre si.

A versão de Deleuze do eterno retorno sustenta sua crítica da linearidade e avança uma contravisão baseada no eterno (e não no infinito). Quando criamos, rompemos o tempo linear, ao permitirmos o retorno de uma diferença que joga fora uma determinada mesmice, para nunca retornar. Há uma ordem de tempo através da mesmice que não pode nunca retornar. As coisas nunca serão as mesmas após cada criação.

Mas a criação também junta o que veio antes e depois daquele corte, mediante as relações da diferença retornante com todas as outras variações de diferenças. Todas as diferenças e intensidades retornam quando criamos. O tempo é, pois, não apenas uma ordem, mas também uma junção. Isso não pode ser verdade para o tempo linear, em que o passado deve ser radicalmente diferente e separado do futuro. Contudo, esta junção não pode ser um todo, no sentido de um todo representado, ou mesmo no sentido de um progresso ou tendência mensurável. Ao contrário, porque a diferença pura retorna, o tempo é também uma abertura para um futuro indeterminado, um corte radical que convida a mais criações e não proíbe nenhuma em princípio (senão aquelas que sonham com a repetição do mesmo).

O pós-estruturalismo é às vezes caracterizado como uma forma fraca de pensamento, com falta de rigor e profundamente filosófica, mas a filosofia de Deleuze mostra que tais afirmações são profundamente ignorantes. Por exemplo, sua filosofia do tempo é um desenvolvimento sutil e consistente de nossa visão do tempo, e que evita muitos dos paradoxos tradicionais das visões lineares tradicionais do tempo. O tempo deve ser pensado como ordenado, reunido e radicalmente cortado, e não simplesmente como qualquer um destes atributos.

O compromisso de Deleuze com a criação baseada em sua filosofia do tempo tem profundas ramificações éticas, ao insistir que devemos encontrar as variações em nossas vidas e buscar variá-las mais. Deveríamos resistir às tentações da mesmice ("Quem sou eu?", "O que quero ser?") e abraçar as da diferença ("Onde estou me tornando?", "Onde se pode pôr em prática mais vir a ser?"). Há um forte sentido de liberdade aqui, mas não de livre-arbítrio. É uma liberdade em relação com o retorno de diferenças, onde a liberdade não pode ser uma relação com uma simples abertura ou lacuna, mas com variações bem-determinadas. Isso explica por que Deleuze enfatiza conexão e imanência (que todos os simulacros estão no mesmo mundo e que não há nada fora deste mundo). Isso também deflagra uma forte oposição ética e política a pensadores que têm que postular lacunas, intervalos e um exterior para fundamentar uma política e uma ética baseadas na liberdade.

Para Deleuze, devemos sempre criar com os respectivos ciclos de diferenças e evanescente mesmice em que estamos enredados. Nós somos determinados pelo modo individual como o mesmo é destruído por nós.

Podemos determinar esse modo de uma forma casual e incompleta, conforme nossas criações convidam diferentes variações a retornarem e a resistirem a identidades.

É interessante ver o quanto esta posição é díspare com relação a definições-padrão da arte e da filosofia pós-modernas. Embora isso valha para todos os pensadores pós-estruturalistas considerados aqui, Deleuze é talvez o melhor filósofo para mostrar como o pós-estruturalismo nada tem a ver com o pós-modernismo em sua definição mais familiar de obras e ideias fragmentárias. Em seu pior, o "pós-moderno" significa fragmentos identificáveis que resistem à ideia de um todo. Seguindo Deleuze, em seu melhor, o pós-estruturalismo significa infinitas conexões de variações que resistem à identificação. Neste sentido, o pós-estruturalismo é absolutamente moderno, mas onde moderno significa completude sem mesmice, sem totalidade e sem uma representação do todo.

**O signo como evento para o pensamento**

O estruturalismo e muitas outras abordagens científicas da linguagem e da vida mantêm uma relação externa com seu tópico. Eles são modos de pensamento "sobre", e não "com". Deleuze explica e justifica uma abordagem diferente ao longo de *Diferença e repetição*.

Já que todas as coisas estão conectadas, mas em termos de relações de determinação recíproca com coisas atuais e ideais – e, de modo mais importante, entre as duas – não pode haver uma forma verdadeira de pensamento externo, pois não há fundamento em que ela se pudesse apoiar. O pós-estruturalismo é tanto antifundacional quanto um novo modo construtivo de pensar após a queda de todas as fundações (e com o risco incontornável do retorno delas).

O lugar onde começamos a pensar deste novo modo é um evento: um evento para o pensamento. Não pode ser uma fundação e a filosofia de Deleuze não pode se apoiar em tal fundação. Ao invés disso, ele tem que "dramatizar", ou atuar, ou expressar um tal evento. Só então ele pode começar as longas cadeias de deduções que proveem a rica forma de sua filosofia. Daí sua filosofia poder também ser descrita como um empirismo transcendental: ela começa com um experimento (um drama) e só então deduz uma complicada estrutura de condições interconectadas.

Um dos exemplos mais interessantes desta atuação, no contexto do trabalho sobre o pós-estruturalismo e o signo, é a conclusão de seu *Proust e os signos*. Ali, usando Proust como a entrada dramática em uma compreensão do que ele quer dizer por signo, Deleuze explica como sua obra pode ser um novo modo de pensar, sobre o signo e sobre o pensamento:

> O pensamento é forçado a ocorrer pelo signo. O signo é o objeto de um encontro; mas é precisamente a contingência do encontro que garante a necessidade do que ele leva a pensar. O ato do pensamento não se segue de uma simples possibilidade natural. É, pelo contrário, a única criação verdadeira. A criação é a gênese do ato do pensamento no próprio pensamento. Contudo, esta gênese implica algo que faz violência ao pensamento que o arranca de seu estupor natural, de suas possibilidades meramente abstratas. Pensar é sempre interpretar, ou seja, explicar, desenvolver, decodificar, traduzir um signo (PS: 190).

Isso significa que para o pós-estruturalismo de Deleuze não é possível separar signo e pensamento. Como as reminiscências de Proust, cadeias de pensamento começam com encontros ao acaso. Isso é necessário, porque o pensamento é uma relação com algo inesperado e porque, onde o pensamento não é diferente do que já é sabido, não há verdadeiro pensar.

Assim, a necessidade de que Deleuze fala é a necessária sensação de que o pensamento tem limites radicalmente estranhos e diferentes: coisas que são tão essenciais ao que o pensamento é quanto resistentes ao que quer que ele possa conhecer (sua simples possibilidade natural como conhecimento). Isso implica que o pensamento deve ser uma prática criativa ao invés de um corpo de conhecimento. Mas isso também significa que o pensamento não pode ser limitado em sua forma mais do que em seu conteúdo. Não mais podemos ter uma definição de como o pensamento deve proceder, tanto quanto um depósito de todas as verdades que podem propriamente ser pensadas. Antes, o pensamento consiste sempre em criar o que ele é, ao invés de apelar para o que ele foi ou como ele pode se desenvolver (seu estupor natural e possibilidades abstratas).

Portanto, sem este estranho gatilho e atrativo que lhe ocorrem, o pensamento não pode ser desenvolvido. Mas este gatilho, o signo, não pode ser fixado segundo uma específica definição. Daí por que o pensamento em Deleuze deve ir além do estruturalismo, se o estruturalismo trabalha com uma definição dada do signo. Tal definição é um limite para o que o pensamento pode ser e para o que os signos podem pôr em movimento.

A filosofia de Deleuze vai, assim, além do que pensamos ser a interpretação, explicação, desenvolvimento e tradução. Elas devem se tornar algo diferente para nos permitir pensar com signos: definidos como signos onde a diferença ocorre. Em *Diferença e repetição* ele chama isto de ir além, ou transcender, as fronteiras de dadas faculdades do pensamento (uma ideia que podemos também encontrar em Foucault).

É estimulante refletir sobre qual o tipo de universidade e de sociedade a que este pós-estruturalismo leva, em sua oposição ao privilegiamento de corpos de conhecimento, faculdades do pensamento ou da mente e definições específicas prévias de signos e objetos. Eis algumas possíveis ideias provisórias (a serem sempre revistas, mas não com a lógica demasiadamente simples de meramente negá-las):

- O pensar deve sempre buscar novas maneiras de ser estimulado por experiências radicalmente diferentes.
- Faculdades e disciplinas deveriam ser resolutamente interdisciplinares.
- Universidades e disciplinas, formas de escrita e especialidades deveriam ser práticas, não no sentido de uma dicotomia, teoria e prática, mas sim no de que não há nenhuma teoria sem uma prática prévia.
- Todas as leis, regras e instruções deveriam estar abertas ao desafio, não no sentido da possibilidade formal de questioná-las, mas sim no da experimentação com ideias e práticas que suscitem a possibilidade de operar num modo radicalmente novo.
- O pensamento deveria estar aberto à sensação não no sentido de percepções bem-determinadas, mas no de sensações-limite (em arte e literatura, por exemplo).
- No pensamento dever-se-ia dar espaço para encontrar eventos contingentes: espaço fora da contabilidade e da responsabilidade.
- Todas as formas estabelecidas de senso comum e de valores comuns deveriam ser criticadas e testadas.

Isso pode parecer extremista, mas não é. Cada um desses aspectos é uma relação entre o conhecido e os seus limites, não um repúdio ao conhecido em si. Cada um deles é pelo pensamento, e não contra ele. Se esses princípios são contra algo, são contra a estupidez, entrincheiramento, corrupção e complacência no pensamento (e portanto nas universidades e sociedades).

O pós-estruturalismo não é extremista, no sentido de querer ir para alguma terra prometida selvagem e anárquica; antes, ele quer libertar as possibilidades de pensamento das inadequações das imagens restritivas: "Um pensamento que nasce dentro do pensamento, um ato de pensamento engendrado dentro de sua própria genealogia, nem dado pelo inatismo, nem pressuposto na reminiscência, é um pensamento sem imagem" [DR: 217].

# 4

# Pós-estruturalismo como filosofia do evento
## *Discurso, figura*, de Jean-François Lyotard

### Pós-estruturalismo, estética e eventos

O pós-estruturalismo de Jean-François Lyotard se distingue pela ênfase na estética e na arte. Ele busca introduzir eventos estéticos em estruturas, sujeitos e objetos. A estrutura é infundida com emoção e uma perturbadora materialidade. *Onde quer que a independência da estrutura se apoie, Lyotard injeta sentimentos associados com arte e com outros eventos sentidos* (um ato ou sentimento político, um uso de linguagem, uma carícia apaixonada, uma explosão de entusiasmo).

Eventos são importantes porque solapam e transformam estruturas linguísticas e suas relações com as coisas. Eventos estéticos, tais como os sentimentos associados com obras de arte – os eventos de um encontro com a arte –, também transformam e são parte das coisas. Isso que significa que não há nenhuma realidade independente. Há relações transformadoras entre matéria, sentimentos e linguagem (estrutura). Essas transformações são eventos. Eles podem ser esquecidos, escondidos, reprimidos ou ignorados, mas estão lá, em ação, não obstante.

*Lyotard não acredita que a linguagem ou o discurso, um subgrupo conectado de linguagem, possam capturar os eventos. Ao invés dis-*

so, encontros profundamente sentidos mostram que as estruturas de discursos são insuficientes para dar conta dos eventos. Mais profundamente, os discursos dependem de sentimentos e da perturbação que estes causam. Não há nenhum discurso sem a intensidade de sentimentos.

Linguagem e discurso devem sua significância e evolução a eventos, definidos como relações entre sentimentos e matéria. Não se trata do que você conhece do amor, ou mesmo do que esse conhecimento te permite fazer. Trata-se de eventos de amor, sua modelagem de conhecimento e os modos como eles escapam da rede que o conhecimento ou deuses subsequentes lançam sobre eles.

Assim, para Lyotard, versões grosseiras do estruturalismo e o poder da estrutura sobre o conhecimento têm de ser desconstruídos em favor de uma abertura aos eventos. Se a estrutura é vista como objetiva e independente de transformações ligadas a eventos, trata-se de uma falsa representação da realidade. Não há nenhuma teoria estrutural fria com uma apreensão fidedigna de propriedades dos objetos. Há um complexo de interações emocionalmente carregadas.

Esta desconstrução não pretende ter dado fim à estrutura; ele não acredita que isto seja possível. O que ela quer são estruturas maleáveis, as convida a mudar e inclui o que era definido como alheio e intratável. Nesse sentido, a desconstrução de Lyotard deve ser vista como altamente criativa e transformadora (isso explica por que ele frequentemente reluta ante o termo "desconstrução", temendo uma interpretação negativa como destruição ou crítica).

O *Discurso, figura* de Lyotard está entre a desconstrução de Derrida e a diferença e repetição de Deleuze. Do primeiro, toma a prática de trabalhar dentro de textos para abri-los. Do segundo toma o aspecto criativo e metafísico. Juntos eles dão sustentação a um dos mais subestimados e ricos textos do pós-estruturalismo.

A desconfiança de estruturas independentes vale também para o referente de qualquer discurso: o objeto associado com uma estrutura, ou coisa em si, ou natureza. Essas coisas não existem independentemente de estrutura ou de eventos. Não há objeto, realidade ou natureza cruas a serem estruturadas. Antes, o que temos são processos onde um objeto ou referente postulado é associado com eventos estéticos energizantes e transformadores e com relações dinâmicas de estruturas interconectadas.

*Para Lyotard, um objeto ou referente muda com os sentimentos, desejo e linguagem que estão associados com ele.* Nenhum deles pode ser separado dos outros. Contudo, onde há questões acerca de mudança e valores, sentimentos e desejos deveriam ser privilegiados. Este privilégio não pode se estender a uma independência total. Antes, eventos juntam discurso e matéria em processos de transformação e nova significância.

Por exemplo, um objeto de desejo como um corpo não pode ser separado dos discursos econômicos, sociais e sexuais sobre ele. Uma expressão penetrante ou um joelho macio não são um atrativo neutro para um desejo natural. Não podem ser separados do que foi dito e do que pode ser dito sobre eles. Porém, a despeito deste vínculo necessário com o discurso, as verdades profundas sobre tal parte do corpo, seu poder de nos mobilizar, são revelados em eventos e através de sentimentos. O cacheado sobre uma testa ou a base raspada de uma cabeça vão além do que é dito deles em eventos que revelam sua mais profunda e própria significância.

O sentido que emerge da conexão entre a parte e a linguagem só importa devido aos novos desejos e sentimentos emergentes. Eles exigem mudança em discursos e implicam mudança em suas relações com o objeto. O evento de um desejo sexual ou político, associado com uma parte do corpo ou material específicos, muda tudo. Introduz novos e problemáticos sentidos no mundo (por exemplo, pela moda, política e música de contracultura). Nenhum objeto e discurso estão imunes ou a salvo de tais eventos perturbadores.

Uma possível contradição surge neste ponto: como pode Lyotard falar de matéria ou objetos em relação com sentimentos e eventos e mesmo assim negar uma realidade externa, referente ou objeto independentes? A resposta envolve um dos aspectos mais originais de seu pensamento e sensibilidade. Para ele, a matéria vem antes das ideias, mas não dos sentimentos. Igualmente, o sentimento vem antes da linguagem, mas não da matéria.

A imbricação de matéria e sentimento, segundo relações de transformação mútua, é um dos aspectos mais estimulantes e diferentes do pensamento de Lyotard. Ele tem forte relação com o conceito de Deleuze da determinação recíproca, até o ponto em que seja possível considerar a metafísica de Deleuze compatível com a estética de Lyotard. A relação de matéria e sentimento também explica por que Lyotard se interessou pela noção de eventos, mas também por que sua noção de evento é surpreendentemente diferente das visões do senso comum.

Um evento não é algo que acontece a alguém, compreendido, por exemplo, como ver algo acontecer de uma maneira imparcial: A vê B. Ao contrário, um evento é uma transformação em coisas inseparáveis, no sentido em que elas aparecem de um modo novo com o evento: (A) e (B) se tornam (A'B').

A diferença é importante porque enfatiza conexões essenciais sobre distinções, e porque caracteriza a conexão de um modo particularmente forte. Não é uma conexão entre duas coisas, mas uma fusão delas numa transformação contínua. Além disso, não há nenhuma razão interna para esta fusão não estar aberta a mais transformações e conexões externas: (A'B') já está se transformando em (A'B'C') e não vai ficar imóvel para você enquanto você luta para se manter no controle dele ou trazê-lo de volta.

Matéria e sentimento permitem a Lyotard pensar essa mistura como algo que ainda envolve diferenças. Matéria não é apenas sentimento, e vice-versa. Elas são inextrincáveis em termos do evento, mas têm relações diferentes com outras entidades: com coisas, objetos e natureza, no caso da matéria; e com pensamentos, ideias e linguagem, no caso de sentimentos (ou sensações, dependendo do período das obras de Lyotard e das diferentes traduções do francês *sentiments*).

O pós-estruturalismo de Lyotard pode assim ser pensado mais precisamente como o abandono de modos de pensamento que não fazem justiça aos seguintes pontos:

- A verdade é primordialmente uma questão de eventos e, só secundariamente, de correspondência ou de consistência.
- Eventos são complexos de sentimento e matéria, nenhum dos quais devendo ser identificável em termos de uma existência independente.
- Visões dualistas da realidade (sujeito, objeto, sentido-referência, estrutura-realidade) perdem de vista o imbricamento essencial de matéria e sentimento nos eventos.
- O conhecimento, definido em termos deste dualismo, e de correspondência ou consistência, não pode apreender o evento.
- Arte e filosofia devem se voltar para o evento, não excluindo outras coisas, mas junto com elas.

Se o estruturalismo é definido (sem dúvida de modo simples demais, em muitos casos) como a busca de verdades objetivas, mediante estruturas abstratas, então a filosofia de Lyotard deve ser tida como oposta ao estruturalismo. Esta filosofia é talvez mais extrema do que as visões de Deleuze e Derrida quanto a não trabalhar com o estruturalismo, exceto como um exemplo das estruturas de pensamento com as quais se deve trabalhar, mas às quais também cumpre resistir.

Se é para dar a esta resistência uma fórmula unificadora, esta é como se segue: *Dos muitos sistemas de verdade disponíveis para nós, só uma apreende o poder de eventos intensos; há uma relação essencial do sentimento e da inapreensível abertura da matéria – só podemos fazer-lhe justiça respondendo aos eventos sem objetivá-los ou representá-los totalmente.*

### Contra a totalidade e pela incomensurabilidade

Para compreender o impacto e significância da fórmula acima é útil seguir três de suas consequências mais importantes. Primeiro, embora as estruturas de discurso ou posições sejam interconectadas, não podem nunca ser reduzidas a um único sistema dominante. Isso porque eventos mostram os limites dos discursos e, em particular, os limites que eles apresentam uns para os outros. Não há nenhuma descrição das diferenças entre posições que lhes possa fazer inteira justiça, tais como se revelam através de eventos. O estruturalismo pode ser visto como levando a verdades capazes de se tornarem as bases para diferentes posições correlatas em torno delas. Ele tenta mostrar que há diferenças que não podem ser resolvidas deste modo.

Em um de seus livros mais influentes e importantes, *The Differend* (1988), Lyotard desenvolve o conceito do "diferendo", para explicar diferenças insolúveis entre posições incomensuráveis. Por incomensuráveis ele quer dizer que as duas posições não têm nenhuma medida comum e nem podem ter uma medida comum. Um sentimento, o sentimento do sublime, uma inquebrantável combinação de prazer e dor, ou de atração e repulsão, é o signo desta impossibilidade. Nós sentimos que qualquer resolução de uma disputa necessariamente acarretaria algum dano ou prejuízo para pelo menos um dos lados.

O laço entre atração e repulsão em sentimentos é crucial para Lyotard, pois explica como sua filosofia é uma resposta ao niilismo (à perda da vontade de resistir, de valorizar e de afirmar). Mas é também uma resposta à vontade de reduzir as diferenças à mesmice em estruturas. Um lado do sentimento – a repulsão e dor – paralisa o desejo de reduzir à identidade. O outro lado – a atração e prazer –

ainda nos compele a uma resposta válida para esta barreira. O evento nos esmaga e apresenta uma barreira insuperável, mas isso não leva ao desespero. Resta então o desejo de fazer justiça ao valor desta barreira como resistência a falsas identificações.

Segundo, para Lyotard as noções de energia e de intensidade dos sentimentos se tornam muito importantes em nossas relações com as coisas (incluindo coisas complexas como casos políticos ou históricos). Isso significa que elas se tornam diferentes para diferentes espectadores – segundo diferentes sentimentos e intensidades. Não há nenhum ponto de referência comum fora dessas intensidades, embora elas possam ser partilhadas, mas não necessariamente, e sem nenhuma garantia de permanência ou adequação perfeita.

Antes de *O diferendo*, em seu livro *Economia libidinal* (1974), Lyotard constrói uma metafísica de identidades escondidas nas estruturas. As intensidades são capazes de alterar as estruturas e transformá-las. Elas ocorrem onde estruturas se encontram e onde intensos sentimentos são liberados como eventos disruptivos: por exemplo, da maneira como uma emoção arrasta uma multidão ou um indivíduo como uma onda de choque onde um leque de hábitos e crenças colidem entre si, ou com um evento que ela não pode compreender ou aceitar.

De acordo com esta visão, a existência é sempre uma relação dinâmica entre eventos libidinais; a ocorrência de desejos em corpos e sistemas econômicos, isto é, as estruturas que permitem a muitos desejos diferentes serem organizados e fluírem segundo metas e caminhos preestabelecidos. Nós precisamos de desejos como expressões de identidade para evitar que as estruturas se tornem estáveis e fixas em demasia: quando isso ocorre, elas reprimem outras intensidades e colidem violentamente com outras estruturas, e ao mesmo tempo perdem sua própria energia dependente de novos fluidos de intensidade.

Em terceiro lugar, na filosofia de Lyotard a política se divide entre, de um lado, formas de governo (isso mantém o nome de política) e o político (ou seja, o pensamento político e filosófico deflagrado por e leal a eventos). Todos os eventos, e portanto todas as estruturas e intensidades, podem ser aspectos do político. Esta cisão entre política e o político pode ser rastreada ao longo de todos os escritos políticos de Lyotard, desde seu ativismo inicial pela guerra de independência e revolução na Argélia, passando por sua crítica da política institucional na França dos anos de 1970 e 1980, até suas ideias sobre pós-modernidade e o fim de uma forte relação entre teorias políticas dominantes e a política (o fim do marxismo como uma força na política, por exemplo).

Há três sérias objeções a cada uma das consequências delineadas acima. Primeiro, se rejeitamos modos de relacionar deferentes discursos ou posições, não nos comprometemos com diferenças insolúveis? Se esse é o caso, não devemos aceitar que as diferenças terão de ser resolvidas pela força, já que o entendimento mútuo não parece possível?

Segundo, se é para a intensidade ser o árbitro de nossas relações com as coisas e com a vida, não estamos então nos comprometendo com o risco do desespero quando não houver tal intensidade e com o risco de graves desacordos sobre intensidade sem nenhum apelo ao entendimento mútuo? Em outras palavras, o que acontece quando a energia gerada com eventos está ausente? O que acontece quando essa energia leva a posições conflitantes?

Terceiro, não é ampla demais a insistência no político, no sentido de que tudo é político? E a despeito disso, não é também irrelevante à política, pois de que vale uma ação política que não dá conta dos requisitos do governo? Lyotard é um pensador das margens, no mau sentido de marginalizado, pois sua ideia do político não pode se engajar na política ou explicar como diferentes exigências políticas devem ser ordenadas e submetidas a decisões?

A posição de Lyotard se torna mais clara nas respostas a estas questões. Não é que não deveríamos nos importar com resolução de conflitos e com a compreensão das visões e posições dos outros; ocorre que deveríamos também estar conscientes dos limites de tais resoluções e das formas de conhecimento. Deveríamos estar conscientes das falhas de falsas resoluções e de sistemas, tais como o capitalismo, que impõem essas resoluções (mediante julgamentos em termos de lucro, por exemplo). Deveríamos estar conscientes das falhas em certas definições de razão comum, quando elas afirmam que a razão resolve diferenças, mas, de fato, as esconde e ignora.

*O evento é então uma forma de resistência ao que Lyotard chama de grandes narrativas: relatos que juntam diferentes discursos (que ele chama, após Wittgenstein, de jogos de linguagem).* Não é possível fazer um relato totalizante, uma metanarrativa, que articule todas as posições possíveis. Não é nem sequer possível oferecer um arcabouço lógico e racional a tais resoluções. Ainda assim há tentativas de fazê-lo. Elas forçam, violentamente, diferenças e eventos a se encaixar em grades e em formas que não lhes fazem justiça. Uma filosofia do evento resiste a esta violência e testemunha em favor daqueles que a sofrem.

Em sua bem-conhecida obra sobre o pós-moderno, *A condição pós-moderna* (1979), Lyotard argumenta que o pós-moderno é caracterizado por uma descrença em grandes narrativas; não mais acreditamos em grandes teorias unificadoras. Isso significa que o pós-moderno é um estado de fragmentação e heterogeneidade, ou seja, onde há diferentes relatos concorrentes, em torno de um evento e onde eles não podem ser reconciliados.

Dois equívocos sérios devem ser evitados neste ponto. Primeiro, *A condição pós-moderna* não é central na produção de Lyotard. É uma ramificação de um trabalho sobre a justiça e Kant, durante a última metade dos anos de 1970 e levando aos anos de 1980 (por exemplo, nas importantes coletâneas de ensaios *O inumano* e *Fábu-*

*las pós-modernas*). Segundo, e como resultado desta preocupação com a justiça, ele não está abraçando essa fragmentação pós-moderna, como se tivéssemos de aceitar estados de injustiça e resoluções violentas de conflitos.

Pelo contrário, o pós-estruturalismo de Lyotard questiona: Como podemos fazer justiça ao evento e fazer diferentes lados aceitarem suas diferenças, ao invés de adotarem uma ou outra resolução falsa? Esta é uma filosofia baseada no testemunho de eventos que resistem a abordagens unilaterais ou completa identificação como objetos de conhecimento. Há limites ao conhecimento e a procedimentos de reconciliação. Esses limites são cruciais a qualquer modo justo e sensível de responder a eventos e aos sentimentos que os revelam.

Mesmo no bem extremo, mas também muito belo (no sentido de emocionalmente complexo e imaginativamente profundo e rigoroso) *Economia libidinal*, não é que a intensidade ou energia ocorram independentemente das estruturas que as liga e as conecta. Embora haja diferentes intensidades e eventos, eles são conectados por meio de diferentes pessoas através de estruturas compartilhadas. Além disso, estrutura e formas de conhecimento dependem da intensidade e energia para sua evolução e significância.

Não é como se houvesse um estado sem intensidade e livre da influência de eventos, e um estado de pura intensidade com a ocorrência de eventos.

Ao invés disso, temos diferentes graus de intensidade e diferentes papéis desempenhados pelos eventos em todas as estruturas. O princípio-chave é que nenhuma estrutura dá conta inteiramente das intensidades que circulam por ela, a transformam e a põem em colisão com outras.

O desespero de ser deixado sem nenhum impulso emocional associado com eventos não é um destino certo para Lyotard. Antes, o desafio é como estar tão aberto aos eventos quanto possível, e como canalizar a energia transformadora deles pelas estruturas o mais plenamente possível. Este desafio deve encontrar seu caminho entre o desejo por uma pura intensidade, que é impossível saciar, já que as estruturas são necessárias e é o desejo pela pura estrutura e pelo saber absoluto, que é igualmente impossível, já que as estruturas sempre escondem os resíduos da intensidade de eventos e aberturas para novos eventos. Isso leva a uma resposta à terceira objeção. Não é que exista uma divisão pura entre política e o político; antes, o que há entre ambos é uma diferença de ênfase com relação aos eventos. Eles informam um ao outro, ao invés de ficar numa completa oposição. *O político é primordialmente uma relação com eventos e com intensidades emocionais, enquanto que a política é primordialmente uma reflexão sobre como realizar metas e sobre quais estruturas são corretas e necessárias para essa realização.*

Lyotard não pode estar comprometido com uma diferença absoluta entre o político e a política, pois isto significaria que a política estaria de algum modo imune ao evento. Ao contrário, a política deve ser trazida de volta para o evento como algo do qual ela se afastou, necessariamente, em certo sentido, mas não irremediavelmente. Por exemplo, Lyotard não se opõe aos direitos humanos, quando os discute em *O diferendo*. Antes, ele se preocupa com as causas, sentimentos e eventos que qualquer caracterização de tais direitos e sistemas legais exclui (quando se nega às mulheres o direito ao voto, por exemplo). Para ele, não é possível nenhum sistema legal ou configuração de direitos que sejam perfeitos, nem sequer um modo de progredir até eles num caminho sempre seguro.

Isto porque qualquer narrativa justificando direitos e fundamentando um sistema legal deve ser particular ao invés de universal, é escrito desde um ponto de vista, numa linguagem particular, ao invés de nenhum lugar ou todos os lugares. "Para julgar deste modo [contra os diferendos], você negligenciou as histórias (*diegeses*) particulares contadas por essas narrativas e escolheu a forma da narrativa que você declara ser idêntica sempre" (TD: 158).

A forma da narrativa seria uma estrutura fora das outras narrativas. Ela proveria uma verdade universal mais profunda sobre todas as narrativas, e assim daria as regras para relacioná-las e julgar quais seriam justificadas ou não, quais teriam pretensões legítimas para inclusão num relato verdadeiramente universal. Mas segundo Lyotard, cada relato, cada posição, é movida por sentimentos e eventos que são verdadeiros para eles de um modo que não pode ser abstraído deles e posto num modelo universal.

Seu pós-estruturalismo é portanto de diferenças e limites radicais. Eles são constantemente ultrapassados, e isso de modos que podem ser julgados como relativamente bons ou maus. Lyotard não tem nenhuma dificuldade com esta relatividade e com a tomada de posições desse modo. O problema-chave é como a ação política se situa em relação a relatos totalizantes ou universalizantes.

Para Lyotard sempre haverá sentimentos e eventos que estão além de um julgamento relativo e aos quais este não pode fazer justiça. É crucial lembrar isto em qualquer resolução relativa, assinalar a necessária injustiça de qualquer solução parcial. Sua filosofia se preocupa com fazer justiça aos eventos. Para além de qualquer resolução relativa cumpre lembrar-nos que algo sempre se escondeu e se perdeu.

A política se refere a resoluções relativas, mas o político consiste em responder a eventos estéticos, a sentimentos, à matéria e a seus efeitos, de um modo que leve a política a lembrar de seus limites e limitações. Isso é permitir que ela se torne melhor, mas sem cair na ilusão de que este processo venha a eliminar eventos desagradáveis.

Qualquer ato é sempre político e parte da política. Isso pode ficar oculto em sonhos de pura política (sistemas justos) ou sonhos de puros atos políticos (atos puros). Para prevenir isto, a política deve sempre ser inoculada de eventos estéticos e de atos políticos criativos que destruam a falsa universalidade e os sonhos de entendimento e de resoluções perfeitas.

Para perceber mais plenamente a força desta afirmação é importante focalizar os precisos argumentos de Lyotard contra estruturas universais e seus argumentos contra referências a fatos ou à objetividade. Não é que ele nos dá uma posição particular que pode ser interessante de um ponto de vista político; antes, é que ele desenvolveu uma crítica detalhada dos possíveis apelos a um fundamento para proposições verídicas baseadas em estrutura ou em fatos. Para acompanhar esses argumentos no contexto do pós-estruturalismo é importante nos voltarmos a seu livro mais acadêmico e mais cuidadosamente argumentado, *Discurso, figura*.

### Pós-estruturalismo e o figural

*Discurso, figura* põe em prática as visões de Lyotard sobre eventos estéticos e estruturas como uma explícita reação ao estruturalismo. O livro contém uma série de figuras e obras de arte que se pretende que funcionem como eventos que subvertem o discurso, bem como relações fixas de sentido e referência. O livro é, pois, concebido como um estudo teórico e um evento estético. Uma vez mais, este é o aspecto performativo e prático do pós-estruturalismo: ele atua, ao invés de meramente dizer, argumentar ou ditar. *Discurso, figura* é mais que uma obra teórica; ele tem intricadas qualidades estéticas próprias, em particular, na relação entre texto e ilustrações. De fato, "ilustração" é uma palavra incorreta, pois as pinturas e figuras no livro se destinam a transformar nossa recepção do texto, ao invés de simplesmente oferecer casos ou exemplos.

Lyotard cunha o termo "figural" para descrever a associação de matéria e sentimento no evento estético. Por exemplo, uma pintura é figural no modo como vai além de descrições e de teorias a seu respeito. Não é nem uma figura ou molde objetivo; nem uma figura na linguagem: é um processo entre os dois. A pintura ou obra de arte são também figurais por sempre acrescentarem ou transformarem o que descrevem ou referem. Isto é alcançado através de sentimentos aliados à matéria da figura. O figural é esta associação da intensidade deles com a abertura e ambiguidade da matéria. A obra não é uma figura fechada, mas uma matéria aberta associada com sentimentos.

As seguintes passagens são algumas das mais importantes de *Discurso, figura*. Elas explicam como linguagem (significação) e as coisas (designação) não podem explicar o sentido. Nesta passagem, sentido não é simplesmente significado, mas intensidade individual, ou a razão por que qualquer significado dado importa ou é intenso para nós.

> A significação não exaure o sentido, mas tampouco o faz a conjunção de significação e designação. O discurso desliza de um espaço alternativo a outro, entre o espaço do sistema e o espaço do sujeito. Não nos devemos ficar presos neles (DF: 135).

O fracasso do espaço da linguagem, e o fracasso do espaço das coisas às quais podemos nos referir, devem ser entendidos como um fracasso em dar conta da intensidade extraemocional que ocorre com eventos. Ele exige um outro espaço para explicar como a linguagem e as coisas se desenvolvem e como elas adquirem um significado especial mutável e dinâmico para nós.

Este espaço é definido como o figural. Não é nem objetivo, nem subjetivo. Antes, ele os junta ao transformá-los e desafiá-los.

> Há outro espaço – o do figural. Temos de vê-lo como escondido, ele não se revela, nem ao olhar, nem ao pensamento. É indicado lateralmente, um fugitivo dentro dos discursos e percepções, como aquilo que os perturba. É o espaço próprio para o desejo – o risco da luta que pintores e poetas perfazem sem cessar contra o retorno do Ego e o texto (DF: 135).

A necessidade de abordar o figural lateralmente é decorrente dos limites da significância ou do conhecimento. É decorrente, também, das limitações da referência ou dos apelos a coisas brutas ou à natureza. Se o figural pudesse ser abordado desses modos, ele desmoronaria em um ou noutro; haveria um conhecimento total do figural, ou uma capacidade de referi-lo ou de apontá-lo em objetos.

O interesse de Lyotard pela arte e pela estética vem desta necessidade de ir além do conhecimento e evocar sentimentos que não podem ser capturados ou identificados. Daí ele resistir ao "Ego" no sentido de um significado e compreensão determinados que poderíamos apreender em nós. Daí também ele resistir à noção de um significado fixo definido em textos dados. Ao invés disso, o desejo é sempre algo que opera fora dessas certezas, embora o desejo as ponha em movimento e lhes dê direção.

Desafios pós-estruturalistas cruciais emergem na obra de Lyotard com mais força do que alhures: O que são significado e compreensão sem desejo? O que é vida sem desejo e sem as mudanças imprevisíveis que o desejo traz à vida? Por que o desejo só é bem abordado através da arte e da criatividade? Como podemos fazer justiça ao reino especial dos desejos e ao papel que ele desempenha secretamente no conhecimento e no mundo?

Como um evento figural, uma pintura é um processo que cria e destrói discurso e referentes. Ela destrói o conhecimento e a realidade objetiva. A pintura desencadeia sentimentos e desejos em sistemas que vivem deles, mas que também lhes resistem. Contudo, essa liberação tem uma dimensão mais ampla. Lyotard não se preocupa apenas com a diminuição de intensidade em estruturas. Preocupa-se em encorajar a formação de novas estruturas e mostrar como algumas estruturas vêm a dominar nossos modos de pensar de modos ilegítimos.

Em *Discurso, figura* Lyotard está interessado em eventos estéticos que marcam a transição entre formas de discurso que se opõem entre si. Ele mapeia suas diferentes visões da realidade e referentes, e então mostra como eles podem ser conectados através dos desejos que eles reprimem e canalizam. O mundo muda com os discursos sobre ele, mas a razão para ambos mudarem não é interna ao mundo ou ao discurso. É impulsionada pelo poder do evento figural e seu papel entre os dois.

Assim, o pós-estruturalismo de Lyotard busca explicar as mudanças, evoluções e revoluções dos discursos, bem como a relação deles com aquilo a que eles se referem. Ele o faz apelando a uma matéria especial, o figural, e a eventos figurais onde os sentimentos fluem através da linguagem e a realidade.

Por exemplo, em *Discurso, figura* Lyotard acompanha a mudança na arte e em nossa compreensão do mundo quando a perspectiva é introduzida na pintura italiana do século XV. Ele explica a mudança mediante o evento de um diferente modo de sentimento ante as pinturas quando elas adquirem profundidade. Antes da perspectiva, supunha-se que as pinturas funcionam como signos a serem lidos; depois dela, supõem-se que elas funcionem como janelas para o mundo.

A mudança na pintura é portanto vista como acompanhando uma mudança de um discurso sobre o mundo baseado em signos e leituras para um mundo baseado em uma natureza espacial: ser deslocado e experimentado. Mas Lyotard não aceita essas hipóteses. Ao modo tipicamente pós-estruturalista ele reflete sobre esta divisão aparentemente óbvia e vê conexões e extensões onde outros veem oposições fixas.

Antes da perspectiva há um senso de movimento, e depois dela há um senso de leitura. Em ambos o mundo é algo a ser experimentado e algo a ser lido. Quando qualquer teoria ganha ascendência, algo da natureza do mundo e de nosso discurso sobre ele se perdeu. Lyotard também mostra isso em *Discurso, figura* através de um estudo muito detalhado e rigoroso do papel da ilustração em textos religiosos medievais. Não há apenas o mundo, mas também figura e cor aliadas ao mundo, e assim os textos são experiências sensoriais tanto quanto experiências sensoriais.

O figural na pintura mostra que há algo mais do que um discurso pode dizer sobre ela, mais do que qualquer discurso pode dizer sobre ela. Ele também mostra que há algo mais na matéria do que a visão de que é algo que funciona como um texto, ou algo como objetos em um espaço a serem deslocados e experimentados. O figural é assim oposto a qualquer teoria final sobre a forma de conhecimento (discurso) e seu referente (a realidade, o mundo).

O pós-estruturalismo de Lyotard, pois, apela ao figural como um meio de ser cético quanto ao conhecimento e quanto a uma realidade independente. Isso não significa que o pós-estruturalismo seja anticonhecimento ou completamente antagônico a apelos práticos a uma realidade independente. Antes, quer dizer que ele insiste que suas afirmações têm importantes limites e que não podem ser totalmente entendidos sem referência a eventos que resistem a formas de conhecimento ou visões da realidade estabelecidas.

Qualquer discurso dado que negue sua própria origem, no sentimento e numa matéria que ele não pode apreender totalmente, fracassa em compreender seu próprio valor. Ele superestima suas pretensões à verdade. Ao invés de pensar que há um movimento a uma verdade maior quando mudamos de uma representação do mundo como uma superfície plana para uma em termos de perspectiva, Lyotard afirma que a verdade está nos eventos que impulsionam esta mudança, não nos dois pontos de partida.

> Um discurso [nesse caso a ciência] que exclua de si a presença do figural não pode atravessar o que o separa de seu objeto – ele se proíbe de tornar-se expressivo. A janela traçada por Masaccio na parede não leva à descoberta de um mundo, a sua perda, poder-se-ia dizer que é sua descoberta como perdido. A janela não está aberta e, nos permitindo ver, a vidraça da representação separa. Ele faz o espaço oscilar lá, não aqui (como em um *trompe l'oeil*), nem em outro lugar, como em Duccio (DF: 201).

Esta passagem sobre pintura e discurso é importante por mostrar a recusa de Lyotard em aceitar que estamos diante da seguinte alternativa: ou o discurso e o conhecimento podem representar satisfatoriamente seu objeto e há uma perfeita adequação entre ambos, ou os dois não têm nenhuma correspondência, e o conhecimento fracassa em se reencontrar com o objeto. Esse fracasso então leva ao ceticismo radical e ao desespero: o oposto da confiança inadequada da posição que ele nega. Ao invés disso, Lyotard insiste na oscilação e na conexão que não podem nunca se converter numa perfeita representação. Ele redefine a verdadeira relação do discurso com seu objeto como de tipo expressivo, isto é, que exige uma forma estética. Nós temos de criar discurso de tal modo que ele continue a se mover com seu objeto e se desenvolver com ele sem que nenhum deles se paralise numa identificação.

A expressão depende de eventos que deflagrem o processo criativo. Os eventos protegem o processo ante o sonho de uma perfeita captura de seu objeto, seja por uma perfeita representação (um espaço que oscila aqui), ou por um apelo a uma garantia externa de perfeição (um espaço que oscila noutro lugar). O pós-estruturalismo de Lyotard não é, pois, um apelo à arte como uma região separada de todas as outras. É um apelo de acolher a lição de uma particular experiência de arte envolvendo uma experiência sensorial e desestabilizadora da matéria. Esta experiência nos permite sentir que compreendemos mal a realidade e o conhecimento quando os desvinculamos de uma experiência sensorial muito precisa.

No pós-estruturalismo esta experiência não é a transmissão mística de uma mensagem de um outro mundo. Lyotard sempre se opõe a este retorno a um discurso místico superior. Nem é a experiência um encontro direto com a matéria, finalmente apreendida em toda sua verdade. A visão de que os fatos brutos da experiência pudessem ser apreendidos é uma terrível incompreensão da complexidade e mobilidade dos sentimentos e desejos em relação à matéria.

A arte e o figural nos permitem experimentar uma brecha produtiva entre nosso entendimento e a matéria. Eles o fazem através de nossos sentidos, não mais definidos como funções estritas que nos relacionam às qualidades de objetos, mas como mediadores disruptivos entre discursos transformadores e matéria fluida.

### Verdade e pós-estruturalismo

Dos pensadores tratados neste livro, Lyotard é o que incita mais diretamente e com a maior força certas críticas importantes que se aplicam a todos os pós-estruturalistas. Isso porque sua dependência de sentimentos para minar o significado e a referência parece ser um caso cristalino de negação de modos tradicionais de concordância e de conhecimento, mas nas bases mais subjetivas e individuais. Somos levados a perguntar como um filósofo pode negar que a verdade deve depender de ideias comuns acerca da validade de argumentos e da verdade de proposições sobre o mundo ou objetos no mundo. Onde é que pararíamos sem tais verdades e validade, senão num mundo brutal de apelos à força ou à inspiração artística?

De fato, em sua recusa de definir os sentimentos em termos da ciência empírica, ou dando-lhes uma identidade facilmente apreensível, Lyotard parece se pôr a favor da desrazão e da paixão de um modo tão extremo que fica difícil evitar acusações de relativismo e irresponsabilidade. Contudo, os problemas são bem mais complicados do que parece. Se considerarmos as seguintes passagens de *Discurso, figura* sobre a verdade, vemos que sua posição é muito mais nuançada do que as meras caricaturas poderiam nos fazer crer:

> Mas a verdade acontece (*e-venit*) como aquilo que não está onde deveria estar; é essencialmente deslocada, como tal, fadada à elisão: nenhum lugar para ela, não prevista, não preconcebida. Pelo contrário, tudo está pronto nos espaços de significação e designação de tal modo que seus efeitos aparecem como simples erros, descuidos devidos

à desatenção, ao desalinhamento dos pedaços do discurso, à adaptação pobre do olhar. Tudo está pronto para o apagamento do evento – para a restauração da boa forma do pensamento claro e distinto. A verdade é apresentada como uma queda, fracasso, erro: o significado do latim *lapsus*. O evento abre um espaço de vertigem, não está preso a seu contexto ou ambiente perceptual. A descontinuidade ou flutuação vai de par com a angústia (DF: 135).

A verdade é um evento no sentido forte de algo que acontece de uma maneira imprevisível e perturbadora. Não pode ser conhecida ou apreendida, apenas sentida e expressa. Os modos tradicionais de identificar as coisas como verdadeiras não podem dar conta de tais eventos a não ser definindo-os como erros. Isso porque (depois de Descartes) eles buscam identificações claras e distintas das coisas, enquanto que os eventos são encontros confusos e mutáveis de sentimentos e matéria.

Lyotard não está afirmando que haja apenas a verdade do evento, ou que ela possa subsistir, independentemente de outras verdades. Antes, o que ele afirma é que a verdade do evento é algo escondido e expulso por outras ideias da verdade ("fadada à elisão"). Seu argumento não é de que devemos simplesmente negar a referência ou a validade. É que há outra coisa que também importa.

Além disso, como em outros pós-estruturalistas, a razão da importância desta outra verdade é sua capacidade de nos permitir pensar de modos mais abertos e flexíveis: "não está preso a seu contexto ou ambiente perceptual". Os sentimentos são portanto necessários para nos arrancar de uma posição de complacência, por exemplo, quando somos incapazes de ver que os estrangeiros têm algo importante a dizer, até que sintamos o desespero de comunicar o lado deles de uma história ou conflito.

A razão para esta verdade ser apresentada através de sentimentos que desafiam toda definição é que as estruturas estabelecidas do conhecimento e as formas de referência mediante identificação não podem permitir eventos radicalmente novos. Isso pelo modo como elas prejulgam em que forma esses eventos devem se encaixar. Porque resistem à identificação como objetos de conhecimento, os eventos têm de ser vistos como "erros" ou "desalinhamentos" ou "adaptação pobre".

Isso explica o apelo de Lyotard ao sentimento da vertigem. O evento deve nos confundir. Esta desorientação nos leva a questionarmos nossa relação com o espaço-tempo bem-ordenado. A vertigem indica um fracasso desta ordem em termos de nossos sentimentos para com ela. Podemos então dizer que este fracasso é uma fraqueza de nossos sentimentos, um fracasso do evento, e então vê-los como algo a ser evitado ou expulso como falso (ou como um *lapsus*) ou, com Lyotard, podemos ver o sentimento e o evento como reveladores de uma verdade mais profunda sobre o mundo. Os argumentos são aqui equilibrados de um modo muito sutil, já que a ordem nos permite alcançar metas de um modo prático e aparentemente comum. As verdades associadas ao conhecimento e à ordem são cruciais ao nosso bem-estar e coesão social. Lyotard não nega isso. Contudo, tais verdades não são tudo o que existe e, deste ponto de vista, um grande prejuízo pode acontecer se isto não for reconhecido.

O pós-estruturalismo de Lyotard é uma conclamação a uma extensão da verdade, e não uma conclamação à recusa de verdades que por muito tempo foram úteis para nós e nas interações sociais e morais. Para ele, temos de entender como o conhecimento vem a mudar, quais os seus limites, e o que nós eliminamos ou perdemos quando esquecemos estes limites. É uma questão de receptividade a sentimentos que indicam exclusão ou diferenças radicais.

Este é o porquê de ele falar de descontinuidade quando visa a verdade da vertigem ou do evento. O evento mostra que há descontinuidades entre diferentes pretensões à verdade e entre, de um lado, a verdade baseada na consistência e na identidade e, de outro, a verdade que responde a eventos. Esta descontinuidade não significa que possamos evitar sistemas e reivindicações de identidade consistentes; eles são condições para a descontinuidade.

**Teoria e prática**

Um outro aspecto-chave do pós-estruturalismo, bem-mostrado na obra de Lyotard, é a recusa da distinção entre teoria e prática. Os pós-estruturalistas não acreditam que a teoria possa ser separada da prática. Mais radicalmente, eles acreditam que a teoria é prática, não no sentido de uma prática entre muitas, mas no sentido de uma experimentação prática e contínua com a matéria. Assim, as teorias não são aplicadas a situações práticas; emergem nelas e não podem subsistir independentemente delas. Isso explica por que todos os livros e ensaios de Lyotard são práticos, no sentido do trabalho experimental sobre um caso ou numa matéria. Eles não apresentam uma teoria, para só mais tarde aplicá-la ou testá-la. Ao invés disso, os termos teóricos provêm de e só podem ser explicados em casos práticos.

Isso tem dois importantes efeitos que não devem ser negligenciados quando se estuda sua obra. Primeiro, o estilo de suas obras é experimental por ser uma tentativa de abordar seu material sem nenhum recurso a um vocabulário completamente externo e neutro. Ele tem que nos fazer sentir seus argumentos e material, como se fizéssemos parte de ambos. Seus termos principais não podem ser imunes ao experimento e à variação em termos do material. Segundo, suas obras sempre visam algo externo a qualquer arcabouço teórico preestabelecido, e o fazem tentando lhes acrescentar algo, no sentido de tornar-se parte das obras e dos casos. Assim, quando Lyotard escreve sobre pintores (como o faz frequente e belissimamente), não está julgando ou categorizando as obras. Está tentando criar com eles; fazê-los vivos para nós de modos mais fortes e diferentes.

Isso explica por que o estilo de Lyotard varia tanto ao longo de sua obra, já que ele o adapta para combinar com o material e com os sentimentos que ele quer comunicar. Ele usou de choque, humor, ironia, sensibilidade, elipses, diálogos, fragmentos, aforismos e exposição acadêmica cuidadosa em diferentes ocasiões. Cada tentativa é cuidadosamente moldada de modo a unir reflexão filosófica e material. É portanto importante ler Lyotard com atenção para seu estilo e para o que ele está tentando fazer. Por exemplo, seus ensaios irônicos e bem-humorados em *O inumano* e *Fábulas pós-modernas* podem ser lidos como teses acadêmicas, ortodoxas. Mas tais leituras perdem os pontos importantes que Lyotard está propondo. As ideias surgem contra eventos que mostram serem elas falsas abstrações.

Esta apresentação explora o viés humorístico e irônico assumido pelas ideias abstratas quando são estendidas ao absurdo ou impostas rigidamente em situações práticas. Assim, quando ele descreve a ideia de um futuro pós-humano, não está simplesmente advogando esta ideia, mas sim tentando nos fazer pensar e sentir o que esta ideia implica e pressupõe.

O pós-estruturalismo se engaja mais, e de modos mais ricos, ao seu material do que o simples estruturalismo e muitas outras formas teóricas e abstratas de pensamento. Isso tem a vantagem de tornar os textos pós-estruturalistas muito melhores em trazer à tona o que é de valor, e o que é vivo, neste material. Mas isso também significa que os riscos de leituras tendenciosas e desagregadoras aumentam de ambos os lados, por exemplo, quando a ironia de Lyotard sobre valores universais é lida literalmente ou quando as obras pós-estruturalistas simplesmente ignoram o conhecimento sobre determinado material.

Esta resistência à abstração da teoria também torna o pós-estruturalismo muito propício ao trabalho interdisciplinar. Isso porque as barreiras entre os campos são superadas pelo material que eles têm em comum. Ao invés de termos, por exemplo, teorias de história da arte ou filosofias sobre a arte, temos diferentes e conexas interações com um material similar. Por consequência, isso explica a influência de Lyotard em campos externos à filosofia. Sua obra é um convite ao pensamento e um poderoso reservatório de ideias, ao invés de uma tentativa de dar a última palavra sobre o material; por isso ela evita conflitos entre "últimas palavras" sobre qualquer coisa. Ela também evita desentendimentos conflituais entre teorias das diferentes disciplinas, nos quais uma julga a outra não pelo que está tentando fazer, mas pelo que explicitamente não está tentando fazer.

Pode haver algo de pomposo e altamente sério na filosofia e no debate acadêmico. Isso tem o mérito de manter valorizadas as verdades e de procurar uma clara orientação moral e política. Contra este valor da certeza, o pós-estruturalismo nos pede para dar pouca importância a verdades e teorias fixas, pois assim podemos ser mais leais aos casos individuais e aos eventos que ocorrem com eles. Isso explica por que os textos de Lyotard sobre muitos artistas não são ainda conhecidos com a profundidade e sensibilidade merecidas. Quando ele escreve sobre Monory, Duchamp, Baruchello, Newman, Francken, Adami, Arakawa e Buren, ele escreve com os artistas e não sobre eles. Isso leva a agregados frágeis e sensíveis de pensamentos, estilos e obras de arte. Mas não leva a uma "teoria da arte" que possa acompanhar julgamentos definitivos sobre a arte boa e má, sobre a arte superior e inferior. É mais fácil e mais usual pensar em termos destas categorias, mas a abordagem de Lyotard faz mais justiça às obras e à profundidade e valor individual delas.

Em seu pós-estruturalismo as questões "O que é isso?", "Onde isso fica?", "O que significa?", "É bom?", são substituídas pelas questões "Funcionou para você?", "Como isso funcionou para você?", "O que pode ser feito com isso?" e "O que tem valor aqui, para você, agora?" É fácil condenar essa mudança nas questões como um movimento como à irresponsabilidade, pois parece encorajar um senso de equivalência entre as obras. Mas isto é completamente errado de dois modos importantes:

Primeiro, não é que qualquer comentário vale em relação às coisas. Pelo contrário, o desafio é trazer à tona o que elas podem nos ensinar e nos permitir fazer. Esse desafio envolve seleções e rejeições profundamente sentidas junto com estruturas históricas e contemporâneas de verdade e conhecimento. É um trabalho cuidadoso, intrincado e seletivo, ao invés de uma generalização ou declamação estereotipadas. Ironicamente, este tipo de pensamento é o que mais se emprega contra as obras pós-estruturalistas. Esta crítica é frequentemente uma discussão mal-informada e uma resposta preguiçosa à dificuldade e precisão do pós-estruturalismo, e não ao seu relativismo.

Segundo, a atitude para com as obras é mais "leal" e "moral" com Lyotard, pois, ao invés de ficar do lado de fora delas, enaltecendo-as em termos de categorias e ideias independentes, ele trabalha com elas e tenta trazer à tona seus valores intrínsecos. Nesse sentido, o aspecto empírico do pós-estruturalismo está presente no trabalho de Lyotard sobre a arte. É uma tentativa de dar plena voz às obras através da experimentação.

Aqui, de novo o significado do empírico é especial. Isso porque, ao evitar a distinção entre teoria e prática, Lyotard também vai além das noções de testes empíricos para teorias separadas (seja em termos de confirmação ou de refutação). Para ele a teoria emerge com o material e com o evento. Não é tão testada quanto "desenvolvida com". O experimento visa criar novas relações entre teoria e matéria, fidedignas aos eventos, ao invés de teorias sobre coisas que não são alteradas por elas. A teoria e o material fazem um ao outro, ao invés de determinar um ao outro como verídico e como conhecido.

A relação é portanto mais como a dos pais com a criança onde ambos os lados aprendem e se desenvolvem juntos; ao invés de um aplicando uma teoria distinta ao outro e o outro provendo os fatos para atestar o sucesso ou fracasso das teorias. Isso não significa que não haja teorias. Há, e elas são testadas do modo usual, mas cada relação pais-criança é algo mais que isso: é um aprendizado mútuo à luz das teorias e para além delas rumo ao que é singular em cada relação de amor.

Assim, em *Discurso, figura* Lyotard não define o figural abstraído das obras. Ao invés disso, multiplica variações do figural para dar conta das diferentes funções de distúrbio encontradas em diferentes obras. Eis sua descrição do poder desconstrutor de um desenho de Picasso:

> Nós temos uma ilustração [da transgressão de um traço revelador] neste desenho por Picasso [*Estudo de nu*, 1941], onde o objeto da desconstrução é a ponte, a linha que marca um ponto de vista unificador e reificador. A coexistência de muitos contornos induz uma simultaneidade de pontos de vista. A cena em que esta mulher dorme não pertence ao espaço "real", pois tolera muitas posições para um corpo em um mesmo tempo e espaço. Indiferença erótica ao tempo e à realidade em favor de posturas (DF: 277).

Em termos da compreensão do poder do desejo criado por figuras, Picasso nos mostra como as figuras funcionam em uma forma de tempo e de espaço diferente daquela a que ordinariamente associamos com a realidade. O desejo é uma relação com muitas posturas em um espaço. Nós literalmente experimentamos essa multiplicidade no desenho de Picasso, e em outras relações com a carne desejada e as posturas.

O desenho de Picasso é um evento que mina a noção de que todas as coisas têm limites espaciais e temporais claramente definidos. Traços, no sentido de fronteiras, não revelam os limites apropriados de um objeto. Eles podem ser feitos para revelar muitos limites incomensuráveis em um lugar. Para Lyotard o desejo e as sensações são impulsionados por tais eventos. Essas são experiências em que a realidade é aberta e se mostra como muito mais do que é definido por um dado discurso, entendimento ou referência.

Em resposta à questão "Como a realidade e o conhecimento podem continuar suscitando novos desejos?", Lyotard diz que o desejo influencia a "realidade" e o "conhecimento". Ele continuamente os renova e os revela flexíveis e abertos, onde poderíamos supô-los fechados e fixos. Este poder do desejo como evento permeia a obra dele como aquilo que permite que a vida sobreviva ao tédio, ao desespero e ao niilismo (e a violência desesperada que eles engendram, frequentemente de modos velados e onde não se espera).

**Desejo e realidade: a cidade pós-estruturalista**

O pós-estruturalismo abre o mundo e permite que múltiplas visões substituam uma única e homogênea. Isso não é feito às custas dos sentidos da vida como bem-ordenada, mas para oferecer um contraste a esta ordem. Ao longo de *Discurso, figura* Lyotard passa das ilusões necessárias de ordem a novas ligações do desejo associadas a novos sentimentos e percepções da matéria. Esses novos eventos são meios de experimentar a realidade como diferente e múltipla; eles incitam a novos discursos e à criação de novos eventos.

Em sua descrição de um movimento que acrescenta à caracterização espaçotemporal da cidade em bases de um cartesianismo restrito (a cidade como uma grade retangular), ele argumenta que qualquer arcabouço racional é sempre relacionado com experiências e com visões que ele exclui. A razão é sempre relacionada com seu outro. Ele mostra esse movimento em ação mesmo na descrição da cidade no *Discurso do método* de Descartes.

A obra de Descartes tem de manter uma descrição em grade junto com uma descrição que começa por um sujeito observador (e que por isso é curva). Nós temos de trabalhar com um mapa que impõe uma grade retangular e uniforme à cidade, mesmo se toda vez que nos projetamos no mapa ou observamos uma vista da cidade ela se encurva e se fragmenta numa mistura de escalas segundo nossas linhas de visão e horizontes. De acordo com Lyotard, esta multiplicidade de visões cria uma tensão que não pode ser resolvida. Contudo, o racionalismo cartesiano e seu legado veem como negativa, a ser superada o mais que pudermos, na prática, e totalmente, na teoria, enquanto que o pós-estruturalismo de Lyotard a adota como um lugar positivo de diferenças positivas, a serem incluídas em cada visão.

Há não uma visão, mas muitas:

> O destino que garante que a razão nasceu de seu outro toma por modelo o mundo da cultura. É uma cidade cuja configuração visível de ruas e distritos contém outra configuração, de um século atrás, e, ainda, outra. Cada uma é ligada às outras através do planejamento urbano, às vezes visível, às vezes oculto, de tal modo que, quando a mente vagueia pela cidade, ela experimenta uma mobilidade fundamental (DF: 183-184).

Assim a cidade se estratifica pelos signos de sua história e nenhuma camada pode pretender estar livre das outras. As palavras-chave aqui são "experiência" e "mobilidade fundamental". Lyotard afirma que as diferentes experiências da cidade não podem ser interditadas e que a experiência genuína – a experiência de um evento figural – não é a de uma única cidade, mas a da inter-relação de muitas cidades.

Nenhuma visão singular da cidade pode reivindicar prioridade em termos de sua interpretação. Nenhuma visão singular pode pretender nos fazer retornar a algum definitivo sentido legítimo de ordem. Ao invés disso, a experiência é sempre de relações mutantes sem nenhum princípio ordenador externo: "Isso não é somente seu deslocamento com respeito a um plano de cidade que se poderia presumir fixo e autoidêntico. É o deslocamento simultâneo das partes do plano" (DF: 184).

Não só há muitas cidades em uma, mas cada parte da cidade é em si múltipla: "Isso significa que, passando de um distrito a outro, é no limite, ao observar um mesmo monumento, um edifício aparentemente homogêneo, a mente passa de uma cidade a outra, de um momento de si a outro" (DF: 184). Há uma fragmentação radical da cidade, neste movimento da unidade aos momentos de experiência. Cada parte é fragmentada segundo diferentes perspectivas e segundo sua inter-relação disruptiva.

Um signo desta heterogeneidade e desta multiplicidade de perspectivas pode ser encontrado nos diferentes desafios impostos aos planejadores urbanos. O debate sobre um novo prédio ou plano nunca é uma discussão homogênea; antes diferentes perspectivas emocionais, históricas, econômicas e políticas colidem em termos do que elas valem e do que elas sonham criar e preservar. Elas literalmente põem à mesa diferentes cidades.

A visão de Lyotard não é de que essas posições não possam trabalhar juntas. Elas têm que fazê-lo. Antes, o que está em questão é como elas trabalham juntas: rumo a uma ilusória capacidade de a cidade gerar diferentes visões. Os debates respeitam uma série original de diferenças e sua abertura criativa? Ou a multiplicidade é reduzida e negada? Que estruturas estão em ação para preservar uma ou negar a outra? Como essas estruturas podem ser confrontadas e abertas?

Lyotard argumenta que a fragmentação da cidade resiste a uma reunificação satisfatória, porque os momentos não estão presentes na visão de cada um do mesmo modo. Eles se transformam a cada vez: "Cada um desses momentos ordena os outros ao redor de si e aparece como um foco ao redor do qual todos os outros momentos (os outros lugares da cidade) são deformados, tortos, irreconhecíveis" (DF: 184). Esta é a chave para a resistência a uma perspectiva redutora totalizante, já que cada uma transforma a outra, e assim nunca há uma representação compartilhada, mesmo de cada posição para a outra.

Num encontro de planejamento, não é que diferentes cidades recusem entender-se entre si. É que elas veem coisas diferentes, e as coisas que elas veem diferentemente incluem as reivindicações de cada qual. De novo, vale ressaltar que a obra de Lyotard não nega que a melhor estrutura para resolver essas diferenças repousa na democracia, entendimento e respeito mútuo. O que ele quer é nos lembrar das razões por que essas boas ferramentas ainda assim podem nos decepcionar, como elas podem fugir à corrupção, e como elas precisam de constantes desafios e renovações. O fracasso ante os eventos é valioso pelas lições que nos ensina para uma reconstrução mais cuidadosa.

Mas não há nenhuma razão preponderante na condução desta reconstrução: "a racionalidade de um 'bom' ponto de vista só será capaz de se autoconstruir – ao preço de negligenciar, em princípio, esta curvatura periférica, esta infância, este evento" (DF: 184). A crise causada pelos eventos e pelos sentimentos nos convida a pensar diferentemente, mais do que buscar uma razão isenta de crises: "A crise no mundo da mente, a crise da cultura, nos devolve, através da metáfora da cidade, à crise causada no entendimento do mundo da visão – uma crise de paixão" (DF: 184).

A questão então é: como podemos responder à negligência inevitável implicada pela dominância de um ponto de vista? A resposta é prestar atenção ao evento, a nossos sentimentos para com ele, aos limites que ele mostra dentro das estruturas estabelecidas, à capacidade delas para negar, mas também para responder ao evento. É um chamado a uma criatividade cuidadosa e atenciosa, e não a uma revolução cega e cruel.

É tentador reagir à fragmentação de um modo negativo, acusando-a de relativismo e de divisão sem sentido. Como podem diferentes experiências se relacionarem de qualquer modo? Não são algumas mais válidas do que outras? Como podemos definir ou apreender qualquer experiência, se ela própria pode ser subdividida?

Partindo-se da argumentação de *Discurso, figura*, essas questões se baseiam numa premissa equivocada. Não é que tenhamos ordem ou caos, unidade ou intratável diferença, certeza ou completa ausência de quaisquer normas ou valores. Antes, as estruturas proveem ordem, certeza, normas e valores relativos. Eles se relacionam com uma realidade constituída ou referente. Mas, ao invés disso, há experiências mais amplas (eventos) que são essenciais para a explicação da significância das estruturas, de sua capacidade de mudar e de seus limites: "a brecha entre signo e mundo nunca será ultrapassada" (DF: 185).

### Ação política pós-estruturalista: atestando o diferendo

Mas o que acontece quando as visões de Lyotard sobre a estrutura e o evento são postas em prática em situações políticas pragmáticas? Sua suspeita sobre estruturas fundacionais e verdades fixas e sua crença na verdade do evento podem levar à ação política efetiva? Ou levam à prevaricação e desespero, ou a uma ação política sem sentido e desconjuntada? Uma filosofia pós-estruturalista do evento leva a um novo individualismo, ou pode ser a base de uma ação genuinamente efetiva em prol de comunidades melhores? Uma resposta a essas questões pode ser encontrada nas seções finais de *O diferendo*, onde ele argumenta pela ação contra o *background* de desespero e de falta de direção que provém da descrença em grandes narrativas. Estes aforismos finais então se ligam a seus livros sobre política e estética depois de Kant (*O entusiasmo* e *Lições sobre a analítica do sublime*).

Em *O diferendo* Lyotard propõe a ideia do fim das grandes narrativas em termos da busca kantiana por marcos reguladores na política e na história. Estes marcos reguladores são ideias que articulam diferentes situações históricas e políticas ao colocá-las numa perspectiva mais ampla, por exemplo, sob a ideia de progresso através da liberdade política e da ciência racional.

Os eventos sublimes devem confirmar estes marcos reguladores contra a inevitável confusão e aparente falta de direção da história.

Nós acreditamos nos benefícios do esclarecimento quando experimentamos um sublime sentimento de entusiasmo ao testemunhar um evento que confirme tal ideia ("Sim. Os povos podem ser guiados por uma ideia racional para se levantarem e buscarem um mundo melhor"). É importante distinguir entre testemunhar ou ser um espectador e estar envolvido no evento. Neste segundo caso o sentimento sublime não pode confirmar a ideia, pois os envolvidos estão muito próximos da ação.

Contudo, de acordo com Lyotard, a história forneceu casos que representam o exato oposto dos eventos sublimes confirmadores das ideias progressistas, ou do que ele chama de signos da história. Os nomes de eventos do século XX (Auschwitz, Berlim 1953, Budapeste 1956, Tchecoslováquia 1968, Polônia 1980) são a antítese de quaisquer eventos positivos em que podemos pensar, por exemplo, as liberações ao final da Segunda Guerra Mundial ou a queda do Muro de Berlim (que ocorreu depois da publicação de *O diferendo*). O poder dos marcos reguladores é negado e somos deixados numa situação de desespero com relação a pensamentos de progresso político e manipulação humana: "As passagens prometidas pelas grandes sínteses doutrinais terminam em impasses sangrentos. Daí o pesar dos espectadores neste fim do século XX" (TD: 180). Nós não passamos a estágios sempre melhores e superiores, mas sim permanecemos agrilhoados a ciclos de esperança pontuados pela morte e destruição.

Este argumento aparentemente coloca Lyotard numa posição muito difícil, já que, a esta altura de seu livro, ele havia retratado o capitalismo como um meio de articular outras formas de linguagens que destrói a capacidade delas em resistir a ele. Ele já havia também se voltado contra apelos a identidades comunais em luta para resistir ao capitalismo: "A resistência de comunidades agrupadas em torno de seus nomes e suas narrativas é esperada como obstáculo à hegemonia do capital. Isto é um erro" (TD: 181). É um erro desde o ponto de vista da dupla crítica da narrativa por Lyotard. Por um lado, as narrativas são sempre narrativas de inclusões e exclusões, os de dentro e os de fora, os escolhidos e os condenados. Não há narrativa que fale para todos, e, quando nós contamos "nossa" história, é sempre restrita. Por outro lado, a narrativa influencia o capitalismo; provendo-o com material a pôr em circulação e ao qual conferir valor. Uma narrativa é um meio de converter um evento numa mercadoria. Ela transforma o evento numa forma que pode ser trocada com outras, tornando o singular acessível a formas mais amplas de compreensão e, pois, de valoração.

Assim, as narrativas quebram a resistência mesmo se em nome de um universal, porque elas contradizem as reivindicações universais através do necessário paroquialismo da narrativa. Elas também fracassam em parar a circulação sempre mais acelerada do capital. O comentário de Lyotard sobre isto é melancólico e nos faz lembrar sua obra sobre a Argélia e a independência dela, mas sem revolução: "As orgulhosas lutas por independência terminam com jovens Estados reacionários" (TD: 181). Mas isso não significa que Lyotard abandone a resistência, ou que sua versão da resistência não seja senão desesperada e violenta. Ao invés disso, ele enfatiza o papel ambíguo do capital como libertador e escravizador: lutando para encontrar diferenças produtivas, mas reduzindo-as a mesmice. Ele também busca uma forma de resistência que não possa ser recuperada do mesmo modo que a narrativa.

Dentro desta ambiguidade e contra este poder de recuperação ainda há uma possibilidade de resistência: "O único obstáculo insuperável com o qual a hegemonia do gênero econômico se defronta é a heterogeneidade dos regimes de frase e dos gêneros de discurso" (TD: 181). Isso significa que, para Lyotard, a resistência está em insistir que a certas coisas não se pode dar um valor que as iguale a outras. Estas coisas são a condição para a incomensurabilidade entre modos de entender o mundo, refletir sobre o bem ou fazer julgamentos de valor.

Isto não quer dizer que o entendimento, a razão e o julgamento não tenham nenhum valor, ou que deveríamos nos opor a eles. Antes, significa que há uma condição adicional para o papel deles na resistência. Eles devem ser suplementados por uma consciência do que eles não entenderam, raciocinaram ou julgaram: "O obstáculo não depende da vontade dos seres humanos num sentido ou noutro, mas do diferendo. O diferendo renasce da própria resolução de supostos litígios" (TD: 181). Assim, quando tentamos resolver injustiças e trabalhar pelo bem, também deveríamos trabalhar para dar testemunho ao que resta além da resolução.

Há dois modos práticos de fazer isso. Primeiro, todas as soluções devem ser criticadas e minadas em suas reivindicações à perfeição e a verdades finais. Sua natureza temporária e frágil deveria ser mostrada através de uma crítica do vocabulário universalizante e totalizante, e através de uma crítica das proposições de finais definitivos. Não podemos nunca chegar a um final perfeito. Embora devamos continuar tentando a resistência, não para um final, ou para um certo progresso, mas porque as diferenças o exigem:

> [O diferendo] convoca os humanos a se situar em desconhecidos universos de frase, mesmo se eles não sentem que algo deva ser dito. (Pois isto é uma necessidade e não uma obrigação.) O *Está acontecendo?* é inevitável para qualquer vontade de ganhar tempo (TD: 181).

O *Está acontecendo* é o sublime evento que nos faz sentir que há uma diferença além da resolução. A vontade de ganhar tempo é a essência do capitalismo: reduzir as diferenças de modo que elas possam circular mais eficientemente.

Segundo, deveríamos atestar essas diferenças de modos positivos. Não criticando os fracassos das estruturas que devemos trabalhar para resistir efetivamente, mas dando voz aos eventos criativamente. Lyotard nos conclama a criar eventos tanto quanto a responder-lhes. Os eventos não nos acontecem porque somos passivos, no sentido de espectadores paralisados, mas porque estamos sempre experimentando modos de nos abrirmos ao inesperado, ao estrangeiro e ao que tínhamos excluído.

Ao buscar ser o que você não é, você torna possível aos outros existir como diferentes. Mas isto não pode ter quaisquer garantias ou rotas de sucesso. É um chamado e não um plano racional: "você não pode fazer um 'programa' político com isto, mas você pode prestar testemunho a isto" (TD: 181).

# 5

# Pós-estruturalismo, história, genealogia
*A arqueologia do saber*, de Michel Foucault

**Pós-estruturalismo e história**

O pós-estruturalismo de Michel Foucault é desenvolvido através de uma série de estudos históricos. Sua obra é notável ao buscar mudar o modo como a história é escrita, conquanto resista a um movimento linear rumo aos métodos pós-estruturalistas. Ele, portanto, é mais um filósofo-historiador do que simplesmente um ou outro. Foucault não será apresentado aqui simplesmente como um historiador; isto restringiria a significância de seu pensamento dentro das ideias mais amplas do pós-estruturalismo. Contudo, uma análise da importância de seu pensamento para a história e para a filosofia será uma das principais linhas da investigação. No meio de sua carreira Foucault refletiu sobre sua nova filosofia da história em relação com o estruturalismo no seu influente livro *A arqueologia do saber* (1969). Este livro é crucial para compreender-se a relação de Foucault com o estruturalismo, uma relação que inclui temas comuns, bem como divergências de método e de pressupostos filosóficos. O livro veio à luz entre as obras iniciais de Foucault – *História da loucura* (1961), *Nascimento da clínica* (1963) e *As palavras e as coisas* (1966) – e suas obras mais tardias *Vigiar e punir* (1975) e os três volumes de *A história da sexualidade* (1976, 1984, 1984). Foucault publicou muitos outros trabalhos além desses livros principais, trabalhos esses que frequentemente são publicados em influentes coletâneas, tais como *Power/Knowledge* (1980).

Este capítulo vai examinar seus argumentos esboçando três aspectos-chave:

- a nova filosofia da história de Foucault;
- as bases de um modo pós-estruturalista de escrever a história e agir sobre ela no presente;
- os contrastes entre esta filosofia e modo de escrever e os métodos estruturalistas.

Estes aspectos abrangem a extensão da influência de Foucault sobre a filosofia pós-estruturalista. Ele oferece novos modos de pensar nossa relação com o passado e nos dá métodos complexos e poderosos para escrever a história. Sua obra é uma ruptura revolucionária com o que veio antes, não só em termos da história, mas em termos de filosofias do tempo e do condicionamento social. Em suma, Foucault nos provê com uma nova e pós-estruturalista forma de crítica histórica.

A relação entre estruturas sociais e os indivíduos é observada de um modo diferente na obra de Foucault. Isto transforma nossa compreensão daquelas estruturas. Este é um lado de seu pós-estruturalismo. A obra também transforma nossas ideias sobre o que é um indivíduo, sobretudo em termos de liberdade e poder. Este é seu outro lado. Há uma incansável abordagem crítica do sujeito livre e do papel central do livre-arbítrio, em sua obra. O poder não é mais associado a atores livres, mas a novas ideias sobre estruturas, linguagem e tempo.

Depois de Foucault, a vida deve ser vista como um compromisso com longas e complicadas genealogias históricas. Não podemos escapar das formas evidentes que nos fazem e fazem nossos espaços e nossos tempos. A ação só pode ter lugar dentro dessas formas. Ela deve ser livre da ilusão de que possa haver uma verdade final para a genealogia. Ela deve evitar as ideias de que a complexidade das genealogias possa ou ser reduzida a simples linhas causais, ou estar livre da contingência.

Foucault enfatiza o condicionamento histórico, a contingência e a abertura. Isso significa que sua obra não pode nem ser associada a versões grosseiras do marxismo, pois ele não acredita em determinismo histórico, nem tampouco alinhada ao liberalismo, pois ele não acredita em livres sujeitos humanos. Como muitos pós-estruturalistas, sua obra se põe entre o determinismo e a liberdade. Somos historicamente condicionados, mas assumimos nosso lugar em um sistema aberto e contingente.

Esta posição entre necessidade e liberdade é problemática em muitos *fronts*. As seguintes contradições e problemas implicam sérios desafios às obras de Foucault. Esses desafios são persistentes objeções a seu pensamento:

- Como pode um ato ser ao mesmo tempo livre e determinado? Ou a história nos mostra que o mundo segue um caminho necessário ou ela nos mostra que ele é movido por atos livres. Não faz sentido insistir no papel da genealogia, mas também insistir na abertura do futuro.

- Como pode a história ser definida como irredutivelmente complexa sem se prejulgar a possibilidade de descobrir uma lógica para ela? Qualquer esforço de compreender a história não é um esforço de reduzir esta complexidade e descobrir as continuidades que subjazem a processos aparentemente aleatórios?

- Não deveria haver uma ciência da história, se estamos falando de determinismo ou genealogia? Se somos determinados ou genealogicamente condicionados, isto deve ser segundo leis científico-causais; portanto, não faz sentido falar em abertura do futuro, já que as ciências demonstrarão as leis sob as quais temos de operar.

- Se falamos de liberdade, deve ser em termos da liberdade de sujeitos humanos para agir de um modo ou de outro. A história deveria, pois, ser sobre a relação de sujeitos humanos com as ideias e com os fatos que eles podem considerar anteriores à ação. Portanto, não faz sentido escrever uma história de genealogias, a não ser que de modo subserviente ao papel da liberdade humana e da objetividade científica.

*A arqueologia do saber* é uma das principais tentativas de Foucault de responder a estas questões (e muitas outras) e à recepção de suas histórias anteriores. Na primeira parte do livro ele define o que é novo quanto à história em sua época. Mais para o fim do capítulo torna-se claro que ele está falando sobre sua obra e sobre seu contexto crítico.

Num diálogo imaginário, colocando o novo historiador contra detratores que reclamam de aparentes mudanças na posição dele, Foucault dá a seguinte resposta, que captura muitas das facetas-chave do seu pensamento:

> Como?! Você pensa que eu teria tanta dificuldade e tanto prazer em escrever que eu me teria obstinado nisso, cabeça baixa, se eu não preparasse – com as mãos um pouco febris – o labirinto onde me aventurar, deslocar meu propósito, abrir-lhes subterrâneos, enterrá-lo longe dele mesmo, encontrar-lhe desvios que resumem e deformam seu percurso, onde me perder e aparecer finalmente, diante de olhos que eu não terei mais que encontrar? Vários, como eu sem dúvida, escrevem para não ter mais um rosto. Não me pergunte quem sou e não me diga para permanecer o mesmo: é uma moral de estado civil; ela rege nossos papéis. Que ela nos deixe livres quando se trata de escrever (AK: 19).

Esta passagem nos dá pistas para resolver dois enigmas importantes: primeiro, como ler Foucault ou, no mínimo, alguns princípios para não lê-lo mal, ou seja, para não lê-lo de modo infrutuoso e sem aprender com ele; e segundo, o que o motiva. A passagem nos recorda suas principais motivações conforme desenvolvidas ao longo de seus livros em diferentes formatos e vestimentas. Esses impulsos conclamam a novos modos de pensar o poder e a liberdade. Eles levam a um novo modo de pensar o sujeito humano e o escritor da história.

O primeiro ponto a notar sobre o estilo de Foucault, e sobre princípios para lê-lo, é o quão citável ele é. Diferentemente de muitos pensadores pós-estruturalistas, ele escreve de uma maneira muito clara e contundente. Evita termos teóricos obtusos e cada oração em suas sentenças é acessível. É fácil encontrar passagens que deem evidência cristalina para diferentes posições num amplo leque de problemas. Contudo, esta facilidade de citação é uma armadilha. Foucault alcança profundidade e sutileza por meio de variações sobre séries de proposições e sentenças e não através da densidade de alguma dada sentença ou terminologia. Lê-lo é como participar de um debate, onde as posições são clarificadas com o tempo, e onde cada enunciado é apenas uma parte temporária e mutável de uma série de contribuições encadeadas.

Isso significa que Foucault deve ser lido com reserva, ou seja, sem pular para as conclusões e com um ouvido para as variações que têm lugar ao longo de seus textos. Cada subseção de seu escrito deve ser lido por sua clareza de expressão. Mas, igualmente, esta clareza temporária deve ser acompanhada de cuidado para com o que é postergado ou ainda está em questão. Sinais disso podem ser encontrados nas aparentes contradições e rudeza de dadas seções. Essas falhas são remediadas mais tarde. Uma posição que poderia ser vista como simples demais é com frequência extremamente complexa quando vista num panorama mais amplo. De fato, ela pode ser excessivamente complexa e aberta demais a muitos gostos.

Foucault encerra a primeira parte de *A arqueologia do saber* com um diálogo simulado, ao invés de um enunciado convencional, para lhe permitir passar uma posição simples, mas também para colocar esta visão em uma corrente de pensamento mais amplo e mais complicado. A posição simples é: "Minha obra quer se desenvolver, porque eu acredito no valor de uma criatividade aberta que resista à identificação em termos de significado e autoria". Mas ele então impede a posição de se tornar a palavra final citável, reportando-a como parte de um diálogo. Isso é a abertura a fluxos de pensamentos mais amplos e mais difíceis.

O diálogo se projeta para fora, minando qualquer interpretação simplista dele como uma posição isolada. O leitor tem de vê-lo em contexto porque ele difere do todo em estilo. Ele aparece como uma simplificação ou exemplificação de uma seção mais ampla. Além do mais, o diálogo não acrescenta muito de substancial ao que o precede. Ao invés disso, é uma ligeira variação ao responder a uma objeção particular: "Por que é tão difícil capturá-lo?" Ele também responde a uma acusação particular: "é moralmente e epistemologicamente errado evitar identificação". Em outras palavras, a moralidade repousa numa identidade confiável e o conhecimento depende da identidade de ideias-chave ao longo do tempo.

As simples respostas a esta objeção e acusação são que Foucault é tão difícil de ser capturado porque ele acredita que a busca de uma identidade própria – seja em si mesmo ou em outrem – é algo mau. Isto porque ele valoriza a transformação e a mobilidade devido ao modo como elas nos permitem movimento fora de estruturas restritivas. Não é que possamos escapar a arcabouços morais e legais e às exigências deles por identidade; é que a escritura e o pensamento não deveriam reproduzi-las, mas questioná-las e forçá-las a se abrir.

Portanto, não é errado evitar identificação, mas sim buscar reforçá-la. Isso porque a natureza da relação do eu e do sujeito com a estrutura não é uma de perfeita adequação. Pelo contrário, o escritor – Foucault – está sempre se movendo para além de onde esperamos que ele esteja, ou queremos que ele esteja. Este movimento é uma fonte de prazer: um crucial termo de afirmação da vida por Foucault. Não procure saber quem você é, mas trabalhe com e diversifique seus prazeres e a relação necessária deles com as estruturas herdadas da história.

O prazer está no envolvimento em relações mais amplas de transformação e superação. O poder está nas estruturas, na capacidade delas de determinar identidades e atos, valores e normas. O prazer é uma transgressão do poder, porque acompanha uma mudança em relações estruturais e portanto descobre espaço para movimento dentro das determinações herdadas do poder. O poder é a rede de determinações históricas nas quais temos de lutar, mas das quais não podemos escapar, ao menos não completamente. A passagem supracitada dá acesso ao modo original como Foucault pensa o poder e a resistência. O poder não está na relação entre Foucault e algum questionador não nomeado. São as cadeias interconectadas de genealogias – de formas históricas expressas em linguagem e espaços – que restringem os caminhos que podem ser adotados rumo ao futuro.

Nós temos de operar sob este poder, não como algo que possa ser identificado com lugares e indivíduos específicos, mas como um *background* que os condiciona a todos. Por exemplo, diante de uma página em branco nós não somos completamente livres para depositar nossas ideias. O conjunto de palavras disponíveis para nós e a gramática que as articula, o público hostil ou amigável que espera por nossas decisões e pensamentos, o tamanho da página, como ela pode ser reproduzida e enviada a outros, nossa língua materna e sua relação com outros idiomas, os registros de linguagem tais como ordens, questões, orações e apelos, nossos estados de sono ou vigília, nossos sentimentos de constrangimento ou entusiasmo, nossas relações muito diferentes com um inconsciente, tudo forma uma rede de coerções; uma forma de poder dentro da qual operamos ao invés de um campo em aberto ou uma lacuna a ser preenchida.

O papel da transgressão é descobrir as fendas na rede do poder ou, nas palavras de Foucault, criar um labirinto em que podemos nos perder e nos tornar algo diferente. Ele escreve "para não ter mais um rosto" (AK: 19), porque o rosto – identidade – é uma criação da história e parte da influência que ela tem sobre nós. Através de nossos "rostos" o poder opera em nós e fixa os padrões sob os quais podemos nos mover. O papel do pós-estruturalismo de Foucault é desatar a malha do poder.

O livre-arbítrio e a filosofia do sujeito não podem ser fundamento desta resistência, pois são produtos do poder, e porque são feitos por genealogias. De fato, eles são a cria de suas linhas de determinação mais pesadas. Foucault estuda as condições transcendentais para o livre-arbítrio, para o sujeito e para o entendimento mais comum do poder (como poder sobre, ao invés de um condicionamento histórico disseminado). São revelados como produtos ao invés de fundamentos. São contingentes, ao invés de necessários. Eles não permitem a resistência verdadeira, pois são partes intrínsecas de formas de poder.

Isso explica os comentários sobre moralidade e policiamento ao fim da passagem supracitada. A impressão de Foucault é que a liberdade organizada em torno de sujeitos livres está implicada em repressão, organizada em torno das identidades que acompanham esta liberdade. Há um comércio prejudicial entre uma dependência para com a subjetividade e o papel que a subjetividade desempenha numa rede de poder: "[...] não me diga para permanecer o mesmo: é uma moral de estado civil: ela rege nossos papéis. Que ela nos deixe livres quando se trata de escrever" (AK: 19).

O trabalho de Foucault é, portanto, nietzscheano, em seu interesse pela genealogia e pelo poder, e kantiano, em seu interesse pela crítica transcendental. Ele vê as questões filosóficas e políticas como matéria de uma história da emergência de formas de poder, mas também como uma resistência convidativa através da crítica como o estudo e a transgressão daquelas formas. Dois de seus mais importantes ensaios são, portanto, "Nietzsche, a genealogia, a história" e

"O que é o Iluminismo?" (ambos reunidos em *The Foucault Reader*). O primeiro registra o débito de Foucault para com Nietzsche; o segundo o débito, mas também a distância com relação a Kant.

Contudo, Foucault não é totalmente nem nietzscheano nem kantiano. Sua mescla de crítica e genealogia suscita novas questões críticas e exacerba problemas de ambas as filosofias. Em particular, *A arqueologia do saber* tenta responder às seguintes questões: Como a história permite a abertura? Por que o poder é tão disseminado que não se lhe pode resistir? Em quais bases podemos buscar a transgressão e a crítica? Que valores iremos seguir?

**Continuidade e descontinuidade**

Em termos de história, a distinção mais importante introduzida por Foucault em *A arqueologia do saber* é a diferença entre histórias de continuidade e de descontinuidade. A distinção é importante sob dois pontos de vista: primeiro, o novo historiador é um pensador de descontinuidades; segundo, a própria história é descontínua ao invés de contínua. A diferença é crucial porque permite a Foucault pensar as genealogias como intrinsecamente maleáveis ao invés de fechadas e totalmente determinadas. Se a história é descontínua, então seu controle sobre nós é limitado e fragmentado. Nós não apenas perdemos formas e compulsões necessárias, mas também brechas e oportunidades não são coisas herméticas, mas colchas de retalhos. Sua maleabilidade e incompletude possibilitam oportunidades para criação e variação. A abertura é construída na genealogia.

Além disso, nós somos produto não de uma história, mas de muitas genealogias. Elas se sobrepõem e interagem, de modo que a suposição de um único e supremo relato correto do desenvolvimento da história deve ser substituído por muitos relatos diferentes. Eles variam em termos dos problemas atuais com que se relacionam e em termos dos pontos desde os quais são contados.

Foucault opõe dois tipos de historiadores, segundo uma distinção que propõe entre uma nova história do pensamento e uma história mais velha (embora ainda operante no presente). Onde a nova história do pensamento busca e descobre a descontinuidade, a velha história se move rumo a estruturas cada vez mais maciças e monolíticas: "Em suma, a história do pensamento, do saber, da filosofia, da literatura parece estar buscando e descobrindo cada vez mais descontinuidades, enquanto que a história em si parece estar abandonando a irrupção de eventos em favor da estrutura estável" (AK: 6).

A ideia de Foucault é mais complicada do que à primeira vista aparenta. Ele não quer dizer que haja uma diferença entre séries descontínuas no tempo e longas séries contínuas, como se a história fosse uma longa cadeia de eventos necessários ou uma série de eventos desconjuntados. Ao invés disso, ele quer dizer que o trabalho do historiador pode ser distinguido quanto a ele procurar e descobrir estruturas estáveis e instáveis, ou seja, quanto ao que recupera do passado. O historiador busca elementos fixos que possam ser usados como evidência para outras coisas? Ou o historiador procura elementos instáveis que são signos das forças muito diferentes que se juntam para fazê-los?

Ele explica mais a ideia através da seguinte inversão. A história propriamente dita vai do monumento ao documento; a nova história vai do documento ao monumento. Um documento é uma estrutura e signo estáveis, enquanto que um monumento é a reunião de muitas tensões diferentes em algo que sempre requer uma interpretação adicional.

Um documento seria algo como uma carta de admissão de culpa: um signo que confirma uma dada teoria. Um monumento seria algo como uma ruína de uma era distante: um complexo agregado de diferentes resquícios daquela era. Os historiadores da continuidade tentam converter os monumentos e seus signos em documentos utilizáveis, em fatos para uma dada tese. Os historiadores da descontinuidade tomam coisas que são supostamente fatos e mostram que elas são, de fato, ainda monumentos enigmáticos e abertos. Assim a oposição está longe de ser tão grosseira quanto pode ter parecido. Tampouco o historiador pressupõe uma forma de história, ao invés disso eles observam artefatos de modos diferentes. O uso de "buscar", mais acima, é em si mesmo uma simplificação e deveria ser compreendido como uma descrição que uma série de teorias, métodos e formas de resultado esperado. O novo historiador é um arqueólogo no sentido de que as coisas do passado são pressupostas como intrinsecamente enigmáticos, complexos e irremediavelmente multifacetados objetos, ao invés de formas de evidência.

Isso permite um esclarecimento acerca do método de Foucault. Sua filosofia leva a genealogias, ou seja, a intrincadas descrições da emergência, ao tempo da história, de formas de poder que operam no presente. Mas essas genealogias não são continuidades monolíticas; são constelações de descontinuidades. A genealogia responde as questões: O que condicionou a evolução a esta situação? Como ela condiciona movimentos para o futuro? Que atos são transgressões desta genealogia? E quais apenas reforçam seu grilhão?

Consequentemente, a arqueologia responde as questões: Como nós traçamos uma genealogia? O que nos leva a ela ou a revelam para nós? A arqueologia desenterra e cria o material que nos permite traçar genealogias. É porque este material toma a forma de monumentos complexos que as genealogias não são unitárias nem simples.

Foucault descreve uma série de consequências importantes desse movimento da arqueologia como método-chave para a genealogia.

- Rupturas surgem na história das ideias e contradizem teses sobre longos períodos históricos homogêneos.
- A descontinuidade se torna importante na história não como algo a ser superado, mas como resultado positivo em si.

- A história global é substituída pela história geral, ou seja, ao invés de buscarmos um resumo total da história, na qual se poderiam encaixar as diferentes histórias, nós encontramos diferentes histórias que resistem a serem agrupadas num único movimento predominante.
- Questões metodológicas sobre os limites, níveis e seleção de objetos de investigação se tornam mais prementes.

Vale a pena assinalar como esses pontos se cruzam com uma série de temas e problemas de outros pensadores pós-estruturalistas. No movimento dos documentos, como evidência para teorias sobre longos períodos da história, aos monumentos, como pontos complexos para diferentes interpretações, Foucault questiona a noção do fato histórico como origem e veículo para a verificação ou falsificação empíricas. Ao invés de tais fatos, temos um problemático ponto de partida que torna difíceis de se sustentar teorias sobre continuidade e totalidade. Ele torna também complicado definir a história como uma ciência empírica nos moldes das ciências naturais. Ao invés disso, nos vemos diante de uma história descontínua, no sentido pós-estruturalista do fragmentário e do heterogêneo. Contudo, Foucault nos permite resistir à versão ingênua desta fragmentação: a que implica unidades completamente separadas. O que temos, na verdade, são interações complexas que resistem a uma totalidade final. É isso o que ele entende por poder: uma rede de influências ao longo de descontinuidades.

Além do mais, não é que Foucault simplesmente negue a investigação de fatos ou a busca pela evidência: antes, sua ideia é que tal evidência não pode ser encontrada, a não ser que forjemos falsas simplificações da evidência. São estas simplificações que permitem a conclusão errônea de que os fatos respaldam teses sobre longas cadeias de eventos necessários dentro de histórias homogêneas.

Essas falsas simplificações também permitem o reconhecimento de cadeias causais simples, por oposição a redes complexas. Para

Foucault, o enunciado "A causou B no intervalo de tempo $t_1$ - $t_2$" é, no melhor dos casos, um enunciado incompleto. Ao invés disso, deveríamos ter descrições de genealogias junto com a interpretação arqueológica de monumentos: "O movimento A pode ser interpretado como parte destas séries emergentes ao longo do tempo, legando esses limites e aberturas no presente". Daí por que ele levanta problemas metodológicos e teóricos dos limites, níveis e seleções. A arqueologia não deve ser vista como comprometida com visões objetivas da evidência porque o tipo de fato requerido para a objetividade são transferidas dos objetos, fatos ou peças de evidência para o modo como eles são colocados em séries, classificados em níveis e incluídos ou excluídos segundo princípios explícitos de seleção. A tarefa de *A arqueologia do saber* é explicar e justificar as seleções e classificações de Foucault, não apenas em termos das histórias específicas que ele trabalhou, mas também, e mais importante, em termos de princípios gerais.

Esta guinada na história também muda o modo como pensamos em termos de justificação e falsificação. Por exemplo, a questão não é mais se um documento é um verificador ou falsificador adequado de uma teoria (se X disse Y, então ela não pode ser acusada de Z). Antes, é se X é legitimamente colocado em séries com outras peças para dar conta de uma emergência (X, Y, Z... mapeiam a emergência de um novo tipo de lei criminal). Isto porque explicações em termos de cadeias causais simples são menos efetivas do que explicações em termos de genealogias do poder. Nunca há uma causa única, mas séries de condições.

Foucault sublinha uma outra consequência desta guinada. E se trata de mais um tema familiar ao pós-estruturalismo. A velha história de continuidades e documentos ainda depende do e respalda o sujeito livre. Ela ainda tende ao antropocentrismo, ao humanismo e a uma divisão entre causalidade material e humana. Isto porque um relato causal monolítico da história deve postular uma fonte de abertura fora de suas cadeias fechadas de causa e efeito se ele quiser afirmar que as coisas podem ser e poderiam ter sido diferentes. Quando perguntados "Por que ainda há a possibilidade de diferentes resultados?" ou "Podemos ainda esperar um futuro diferente?", os historiadores comprometidos com o relato causal ainda respondem, "Graças aos atos de sujeitos livres".

Uma fonte externa ao grande movimento da história causal é dada através do sujeito humano:

> A história contínua é o correlato indispensável à função fundadora do sujeito: a garantia de que tudo o que lhe escapou poderá ser devolvido; a certeza de que o tempo nada dispersará sem restaurá-lo em uma unidade reconstituída; a promessa de que um dia o sujeito – na forma da consciência histórica – será capaz de novo de se apropriar de todas as coisas mantidas à distância pela diferença, restaurar seu domínio sobre elas e encontrar o que se pode chamar sua morada (AK: 13).

A ideia de Foucault é que continuidade e sujeito livre são gêmeos terríveis, ao invés de inimigos opostos. O sujeito permite uma descrição da liberdade e, pois, a esperança em sistemas aparentemente fechados. Mas a previsibilidade do sistema favorece garantias de resultados positivos, uma vez que o sujeito tenha intervindo nele.

Foucault é crítico desta ambígua transcendência do sujeito e do sistema, onde o sujeito é externo à causalidade e totalidade do sistema, mas capaz de atuar nele. Ela permite à história permanecer antropocêntrica, isto é, preocupada principalmente com as ações, a psicologia e as capacidades do homem. A história também permanece humanista, ou seja, associa esperança e ações rumo ao futuro com valores humanos.

Contra o humanismo fundacional, Foucault quer defender uma história em que o humano e a liberdade humana são partes de genealogias emergentes e não independentes destas. Para ele esperança e ação estão baseadas em estruturas complexas, e não fundadas externamente na transcendência do sujeito livre: "Mas não devemos nos enganar: o que tanto se lamenta não é o desaparecimento da história, mas o eclipse desta forma de história que era, em segredo, mas totalmente referida à atividade sintética do sujeito [...]" (AK: 15). Alinhado a outros pensadores pós-estruturalistas, Foucault associa o erro filosófico e histórico da transcendência com o conservadorismo. Cada vez que pensadores revolucionários, como Marx e Nietzsche, propõem modos de pensar a história em termos de descontinuidades, eles sofrem resistência. Formas de emergência complexa e de evidência que requeiram interpretação múltipla e aberta são rejeitadas por um recuo conservador à continuidade propiciada pela subjetividade e por histórias baseadas em sujeitos.

Esta reação será em nome da história contínua. É conservadora porque volta da diferença e abertura intrínsecas da história às cadeias seguras de eventos, origens e documentos. A diferença libertadora é então vista como algo externo ao sistema e não dentro dele. É restrita ao humanismo e ao antropocentrismo, ao invés de uma pluralidade aberta de inflexões, evoluções e variações ao longo de séries:

> Denunciaremos, então, a história assassinada, cada vez que em uma análise histórica – e sobretudo se se trata do pensamento, das ideias ou dos conhecimentos – virmos serem utilizadas, de maneira demasiado manifesta, as categorias da descontinuidade e da diferença, as noções de limiar, de ruptura e de transformação, a descrição das séries e dos limites (AK: 15).

É portanto errado ver Foucault como oposto ao estruturalismo; antes, ele quer acrescentar à, e desenvolver a noção de estrutura de diferentes modos e em termos de uma história nova. Ele concorda com a crítica que o estruturalismo permite fazer em termos de noções de transcendência (nada subsiste fora das diferenças estruturais, inclusive o homem). Ainda assim, ele pensa que as exigências por princípios concernentes a seleções de séries, em termos de níveis e limites, pedem ferramentas diferentes das que são disponíveis no estruturalismo.

Finalmente, em termos desta discussão de continuidade e descontinuidade, é importante fazer uma distinção muito difícil, mas crucial. Quando Foucault advoga a descontinuidade, ele deve querer dizer descontinuidade atual que se baseia numa continuidade transcendental. Ele não explicita isso, e só a metafísica de Deleuze é sofisticada o bastante para atestá-lo (daí o grande interesse nos debates deles e no importante livro de Deleuze sobre Foucault, bem como nos textos mais curtos e observações de Foucault sobre Deleuze).

A distinção se baseia no seguinte problema: Se tudo o que temos é a descontinuidade atual, então retomamos ou a formas de transcendência (as descontinuidades transcendem-se umas às outras) ou a contradições de interações ao longo de descontinuidades (elas têm efeitos umas sobre as outras e não o têm). Assim a descontinuidade tem uma condição transcendental: uma continuidade que relaciona descontinuidades atuais como coisas que conectam, mas não causalmente e apenas no nível dos princípios e não no de cadeias causais (veja-se a discussão da determinação recíproca no capítulo 3).

### Crítica radical e os elementos de história

Quando Foucault se volta a novos elementos históricos, a monumentos ao invés de documentos, e à descontinuidade ao invés da continuidade, como ele definirá esses novos elementos históricos? O que ele irá arquivar, coligir, comentar e colocar em teorias? Como ele justificará suas seleções? Que princípios estão em ação em suas histórias novas da loucura, das formas disciplinares e clínicas (por exemplo, de prisões e castigos, de asilos, hospitais e tratamentos médicos)?

Em *A arqueologia do saber* ele desenvolve uma crítica radical para responder estas questões. Esta obra é teórica, não prática. Para

Foucault, crítica radical significa o questionamento dos limites em níveis colocados por historiadores anteriores. Significa também uma incessante aplicação de tal crítica aos elementos que vêm para substituí-los. A crítica radical dá razões para questionarmos as suposições de dadas práticas e teorias. Ela propõe novas seleções resistentes a esta crítica, mas submete estas novas seleções a uma crítica de seus limites e pressupostos.

Foucault não pode chegar a uma teoria definitiva com elementos e métodos definitivos. Ao invés disso, há uma ética dupla: (I) submeter todas as teorias e elementos a uma crítica concernente a seus pressupostos, em particular, com relação a limites e níveis; (II) criar genealogias individuais que maximizem a abertura a novas formas e práticas sem retornar a pressupostos anteriores. Esta ética vem à tona muito fortemente nos três volumes da *História da sexualidade*, onde Foucault desenvolve a ideia de uma estética da existência.

Ambos os aspectos desta ética explicam por que Foucault constantemente enfatiza a natureza temporária e móvel de seu trabalho. Ele está em movimento e sempre trabalhando contra si mesmo, bem como contra outros retornos a pressupostos e valores fixos. Como Deleuze e Derrida, ele busca meios de evitar a constrição sob normas e categorias, mas sem ter que apelar a novas normas e categorias para evitar as outras. Isso é tão verdadeiro para seu trabalho histórico como para os mais teóricos; ambos colocam teoria e prática em questão e a transformam. Verdades emergem, e podem ser mais bem fundadas que outras, no sentido de mais resistentes a questões críticas correntes. Mas não são verdades definitivas. Elas irão sucumbir ao teste da crítica e, ao fazê-lo, ainda assim terão conteúdo para ela e para emergência de novas verdades.

Foucault desenvolve seu movimento crítico mediante uma crítica de um conjunto de objetos históricos tradicionais. Ele chama isto de a parte negativa de sua obra. Ela opera desbloqueios para novos modos de pensar com base no questionamento e corrosão de pressupostos não examinados. Eis alguns de seus principais movimentos críticos:

- Estudos em termos de tradições, mentalidades ou espíritos impõem falsas fronteiras aos eventos históricos. Eles criam uma continuidade ilusória ao recobrir uma dispersão e complexidade veladas mediante conexões redutivas. *É um evento antes de ser um evento tradicionalmente escocês. É um complexo modo de pensamento antes de ser reduzido a uma mentalidade. A época se move em muitas direções sob o rótulo de um espírito particular da época.*

- Divisões em termos de disciplinas e gêneros são categorias retrospectivas que frequentemente perdem de vista as formas muito mais variadas e interconectadas das coisas que elas agrupam. Acadêmicos e artistas são interdisciplinares antes de serem divididos em faculdades e formas de arte separadas. Escrever são muitas coisas (cartas, prédicas políticas, memórias pessoais) antes de ser retrospectivamente encaixada num rótulo único e antigo como "literatura".

- Os limites do livro são falsos. Os livros vão além de suas bordas e se dispersam em modos de expressão, preocupações, debates e diálogos muito além de onde eles começam e terminam. O livro não é necessariamente o ponto de partida legítimo para pensar esta dispersão e julgar sua significância; a dispersão é prévia e o limite é imposto depois.

- Massas de texto (*oeuvres* [em francês, no original]) organizadas em torno de autores também pressupõem falsos limites. As obras incluem grande variedade de formas e exclui outras variedades ou obras importantes (escritas por outros ou consideradas irrelevantes). "Assim que se questiona esta unidade, ela perde sua autoevidência, ela se indica, se constrói, apenas nas bases de um complexo campo de discussão" (AK: 26).

- Não é que a história seja incapaz de acessar eventos originais e que estes eventos sejam de algum modo trancados em lugares inacessíveis como intenções humanas privadas. O material disponível aos historiadores é o evento e é um erro se referir a uma origem inapreensível: "O discurso não deve ser referido a uma distante presença da origem; deve ser tratada dentro do jogo de sua instanciação" (AK: 28 – tradução modificada).

Seria um erro entender que essas ideias defendem uma ruptura total com dado tipo de material e uma guinada para outro. Antes, Foucault está é preocupado com as suposições concernentes aos limites do material. Ele não propõe oposições simples. Está exigindo um pensamento crítico que vá mais longe e seja mais profundo:

> Não se trata, é claro, de recusá-las[1] definitivamente, mas sacudir a quietude com a qual as aceitamos; mostrar que elas não se justificam por si mesmas, que são sempre o resultado de uma construção cujas regras devem ser conhecidas, e cujas justificativas devem ser submetidas a escrutínio; definirem que condições, e em vista de que análises, algumas delas são legítimas; indicar as que nunca podem ser aceitas em quaisquer circunstâncias (AK: 28).

A arqueologia e a genealogia se preocupam com as regras e justificações veladas em ação por detrás da seleção de categorias e objetos aparentemente óbvios. Elas buscam mostrar como essas regras e justificações se desenvolveram. *A arqueologia do saber* traça esta evolução das regras sobre limites e questiona seus resultados. Ela tenta substituir limites falsificadores por outros que sejam mais cuidadosos e acurados. Aqui, falsificador significa fazer falsas postulações a limites e níveis definitivos, *a priori* ou necessários. Por exemplo, ao descrever relações entre os enunciados, Foucault esboça movimentos entre di-

---

1. As formas de continuidade anteriores e as sínteses aceitas de modo irrefletido [N.T.].

ferentes hipóteses em termos de como agrupá-las em conjuntos, isto é, no que ele chama de "formações discursivas".

- Devemos trocar a hipótese de que os enunciados sejam agrupados segundo os objetos aos quais se referem, pela hipótese de que eles sejam agrupados conforme eles dispersam e separam os objetos (o quanto e seguindo quais regras). Isso porque os enunciados fazem os objetos, e não o contrário. O modo como eles fazem os objetos é variado e descontínuo; encontramos muitos objetos, e não um.

- Devemos trocar a hipótese de que os enunciados sejam agrupados segundo seu estilo e forma pela hipótese de que enunciados sobre diferentes estilos e formas sejam rastreados em termos de como eles vieram a ser agrupados, que ordens emergem e em termos de quais transformações. Isso porque disciplinas como a medicina não emergem com um estilo e forma, mas através da cooptação de muitos.

- A hipótese de que os enunciados devam ser agrupados segundo conceitos fundamentais em ação numa dada atividade e disciplina deveria ser substituída pela hipótese de que deveríamos seguir a variação e dispersão de tais fundamentos. Isso porque, em disciplinas como a gramática, por exemplo, nós não encontramos uma linha contínua de conceitos essenciais coerentes, mas uma variação neles e no modo como eles permitem a outros enunciados serem agrupados.

- Devemos trocar a hipótese de que os enunciados sejam agrupados segundo os temas que correspondem às disciplinas pela hipótese de que observemos amplos leques de possibilidades estratégicas, ou seja, aqueles momentos em que há uma escolha entre temas e direções para as disciplinas. Isto porque as disciplinas não correspondem de fato a temas ancestrais; pelo contrário, há constantes conflitos entre eles, mudanças de direção ou períodos de coexistência.

O argumento de Foucault é aqui empírico, ou seja, ele está remetendo a seus estudos anteriores e aos estudos posteriores em *A arqueologia do saber*, para respaldar suas ideias sobre mudanças em hipóteses. Sua hipótese inicial não podia fazer justiça à complexidade do campo e teve de ser substituída por outras.

No seu trabalho histórico e sempre que Foucault buscou unidade, segundo modos de agrupamento aparentemente sensíveis, ele encontrou dispersão. Isso o levou a desenvolver um novo arcabouço teórico em que os enunciados foram definidos e agrupados de uma forma muito básica e aberta: uma formação discursiva baseada em enunciados. Esta é então definida como um modo de juntar enunciados que descrevam uma mesma dispersão (para objetos, estilos, conceitos e temas). Seria errado afirmar, portanto, que a filosofia de Foucault é comprometida com uma dispersão despropositada e sem fim. Sua significância como crítica é aceitar que há formas dominantes, tais como a hipótese inicial questionada acima. Ela então questiona estas formas ao explicitar as muitas coalizões que enfraquecem as formas, com tanta precisão quanto possível. A dispersão está ausente tanto na aceitação da primeira coisa aberta à crítica quanto no princípio crucial de a crítica juntar aquilo que permite a primeira dispersão crítica mesmo se isto então deva ser criticado por sua vez.

*A história de Foucault está então preocupada com padrões de identidade em torno de diferenças ou pontos de inflexão e mudança.* Ele busca não o que continua ao longo da história, mas o que se desenvolve e se torna outro. Esta transformação é mapeada e explicada observando-se as similaridades em torno de pontos de mudança, juntando o que não era juntado antes. Os novos historiadores não estão preocupados em encontrar A na época $E_1$, de novo na época $E_2$; ao invés disso, eles reúnem todas as influências em torno de uma diferença em $E_1$ e $E_2$ para compreender o que gera aquelas diferenças e como elas são significativas para nós agora. Eles perseguem as regras de formação para essas novas similaridades, ou seja, as condições que permitem a mudança e a reunião de enunciados díspares. Eles buscam o que torna este devir possível, não tanto em termos de causas diretas, mas de por que estas próprias causas foram possíveis: "As regras de formação são condições de existência (mas também de coexistência, manutenção, modificação e desaparição) num dado campo discursivo" (AK: 42).

Por exemplo, não podemos explicar a emergência de novos fenômenos na história através de um objeto privilegiado (a "nova" loucura ou a prática clínica, ou a forma de troca econômica). Ao invés disso, tendo notado as muitas formas escondidas nestes objetos, o historiador deve explicitar as diferentes regras e relações que permitem a esses vários objetos serem formados e identificados. O objeto A se comprovou um manto ilusório lançado sobre *a, b, c, d, e*, mas cada um destes emergem e foram reunidos graças a similaridades entre diferentes regras que lhes governam a formação (sendo que a regra não deve ser compreendida como necessariamente legal ou formal, mas antes como aquele que tornou, ou não, as práticas permissíveis e possíveis).

Por exemplo, quando um novo gênero musical é identificado (*rap, jazz, punk*), é um rótulo imposto sobre uma série de diferenças e vagas similaridades. A imposição se torna e é feita clara conforme o novo historiador rastreia as muitas subdivisões (Costa Leste/Costa Oeste, Fusão/original. *Rock*-orientada/eletro-orientada, política/pop...). Mas estas são então reunidas de novo mediante um estudo das similaridades entre as "regras" que lhes permitem aparecer (por exemplo, as regras em torno de enunciados sobre insatisfação, raça, tempo livre, maior riqueza, nova pobreza, revolução, novos instrumentos, deslocamentos em fronteiras, predomínio de marcas e assim por diante). Assim as entrevistas com músicos, embora destrua esperanças históricas de um mesmo objeto homogêneo (*reggae, indie*), ainda assim fornece séries de enunciados que retratam a multifacetada emergência de algo mais complexo.

Ao invés de buscar sofregamente objetos, estilos, conceitos e temas, o historiador deveria investigar os textos em busca de novos modos para agrupar enunciados sobre mudanças de curso em termos de objetos, estilos, conceitos e estratégias. Quando os músicos começaram a abandonar um instrumento e estilo determinados? Quando é que conceitos e temas enraizados se tornaram alvo de rebelião, e quais enunciados veiculam essa rebelião?

**Política progressista no pós-estruturalismo: vale tudo?**

A busca de Foucault pela unidade apenas na dispersão e seu foco em pontos de mudança, e não em continuidade, emprestam à sua história e filosofia uma forte tonalidade prática progressiva. Isto porque elas se direcionam à emergência de novas diferenças, ao invés de mesmice, e porque desvelam uma dispersão oculta sob a aparente continuidade. Seu trabalho favorece a resistência a falsas generalizações baseadas na história, ou baseadas em conceitos supostamente extra-históricos, mas que têm raízes políticas. Depois de Foucault, generalizações sobre loucura, sexualidade e gênero perdem o impacto em face de fortes críticas.

Primeiro, mostra-se que cada uma dessas formas é muito mais complexa do que frequentemente se pensava. Não há dois sexos, mas muitos (como Foucault mostra em seu trabalho sobre hermafroditas, por exemplo em *Herculine Barbin* (1978)). A loucura é mostrada como algo multiforme e que tem relações muito complicadas com estruturas de poder, valores e formas de produção. Isso explica a distância de Foucault tanto da psicanálise freudiana quanto de explicações da loucura estritamente bioquímicas e baseadas no cérebro. Nenhuma dessas duas vertentes captura a plena complexidade e historicidade da loucura e sua emergência e balizas históricas. É interessante contrastar esta abordagem com a dependência muito maior de Kristeva com relação a Freud (cf. capítulo 6).

Em seu trabalho sobre a história da sexualidade, Foucault acompanha a estética da existência conforme ambas se desenvolvem e mudam com relação ao poder. A sexualidade – isto é, as relações entre corpos, desejos, prazeres, ao invés de sexo ou gênero – é criada em múltiplas vias, nenhuma das quais podendo se postular anterior às outras. Ela é formada indiretamente através de decisões sobre o eu, bem como por forças históricas além de nosso controle. A obra de Foucault é central para a liberação, abertura e tolerância sexuais porque contradiz apelos a estados, hierarquias e valores fixos. Ela fornece material importante para estudos políticos nestas áreas, permitindo-lhes desmascarar falsos apelos a essências ou à natureza. Não há nenhuma essência ou natureza independentes. Ambas são históricas e parte de relações de poder contínuas e em aberto. Daí a ilegitimidade de qualquer apelo a valores morais elevados baseados nestas formas imutáveis.

Em segundo lugar, cada uma das formas sociais estudadas nos livros de Foucault não é apenas revelada como essencialmente histórica no sentido de essencialmente pretérita, mas também é revelada como o produto de genealogias e lutas inter-relacionadas entre formas de poder e aberturas criativas no presente e dirigidas ao futuro. *A única coisa que é essencial é o movimento histórico, e impulsionado pelo futuro, de junção e dispersão – de descontinuidades e interações oblíquas.* Não apenas não há divisão natural de sexo e sexualidade, nem distinções essenciais entre loucura e razão, não há tampouco uma história verdadeira de seu devir ou evolução. Não há definições essenciais de raça, gênero, saúde, sanidade ou vida humana que favorecessem eternamente os justos comportamentos para com eles. Mas tampouco há uma única lógica histórica que fornecesse ao menos algum tipo de certeza e um retorno a distinções e valores dos quais pudéssemos estar seguros.

A história de Foucault fortalece a defesa da imanência no pós-estruturalismo. Sua explicação da imanência também resiste a qualquer explicação de sua lógica interna através de sua insistência nas formas de história complexas e abertas. Ela portanto favorece uma crítica de valores e formas transcendentes em bases históricas, junto com uma crítica de explicações de processos históricos necessários. Impor essa transcendência ou lógica única na imanência é, de fato, ser radicalmente injusto e negar a abertura da história em nome de ídolos falsos e violentos. Isso acrescenta mais explicações para o papel importante de Foucault em muitos movimentos contemporâneos de resistência e liberação. Sua obra favorece posicionamentos contra a discriminação nas bases do sexo (nós não somos necessariamente de um sexo ou do outro). Ela favorece uma afirmação da homossexualidade como uma estética da existência e como um movimento histórico complexo que resiste aos falsos rótulos de "inatural" ou "desviante".

Sua obra mostra a violência ilegítima que tem sido perpetrada àqueles julgados como loucos, anormais, "inferiores" ou *outsiders*. Ele nos dá métodos e material para mostrar esta injustiça, para traçar-lhe as bases e proveniência histórica. Mais importante, ao abrir campos, ao mostrar sua evolução, mas também sua complexidade, abertura e descontinuidade, Foucault nos ensina que o futuro é aberto e só pode ser construído de uma maneira válida se sua abertura e variabilidade são afirmadas pelo modo como vivemos. Uma estética da existência é uma experimentação com as diferenças positivas que subjazem às estruturas de poder.

Uma acusação política séria contra Foucault pode ser refutada neste ponto. Ele não é reacionário. Nem a sua posição implica um retorno a uma política reacionária. Seu compromisso com a crítica de falsas pretensões a universalidade, essências e naturalidade é um fundamento para uma política de tolerância e abertura, pois recusa todas as exclusões calcadas em bases falsas (como demonstrado historicamente) e é comprometida com críticas similares a qualquer retorno a falsos valores em sua própria prática.

O aspecto autocrítico de sua obra se reflete em seu estilo através da ênfase em questões e investigação a cada vez. Os livros de Foucault não chegam a conclusões sem colocá-las em questão. O mesmo vale para qualquer movimento, entidade ou evento dados. Seu método está comprometido com o examinar de cada um deles para novas ramificações e descontinuidades, ao invés de favorecer o estabelecimento de uma nova ortodoxia. Ainda assim, quatro críticas filosóficas correlatas espreitam para dar o bote a esta resistência e criatividade políticas:

• De que tipo de fatos históricos a obra de Foucault é dependente? Se ela não depende de nenhuma noção de fato, então parece uma consideração da história segundo um "vale-tudo" subjetivista e sem nenhuma pretensão à verdade. Se depende de algum tino de fato essencial, não contradiz suas ideias sobre abertura e diversidade?

• Qual a relação de Foucault com a ciência e com teorias e dados científicos? Fontes científicas não teriam mais peso do que vagas observações históricas, por exemplo, ou a condições clínicas como a loucura? Se Foucault ignora o valor superior de tais fontes, isso não invalida suas afirmações em esfera onde há conhecimento científico substancial?

• Qual é a base para a caracterização por Foucault da descontinuidade da história? Se essa base se assenta na observação histórica empírica, então ele não está em condições de descartar descobertas da continuidade ou justificações racionais abstratas para ela. Se a base não está no trabalho empírico, ele cai em contradição com suas teses principais ao postular algo extra-histórico.

• A caracterização da descontinuidade da história não seria uma afirmação de algum tipo de continuidade, não tanto do ponto de vista da justificação (como na crítica anterior), mas do ponto de vista dos tipos e formas de descontinuidade? A história é descontínua de um modo particular. Isto lhe dá uma forma de continuidade e um método para estabelecer relações entre descontinuidades.

Em suma, a obra de Foucault requer reflexão cuidadosa sobre suas reivindicações à verdade histórica e sobre sua relação com a ciência. É aberta a questionamentos acerca de suas bases empíricas em termos do problema humeano da indução (genericamente, que a repetição de um padrão no passado não pode garantir a repetição no futuro). Ela parece depender do paradoxo de que identificar uma diferença ou uma descontinuidade é um meio de reduzi-las e estabelecer identidades e continuidades.

Isso explica por que *A arqueologia do saber* dispende tanto tempo na teoria da arqueologia em relação com questões de evidência, fato, contradição, justificação e ciência. Simplificando, pode-se dizer que os argumentos de Foucault são de que há funções históricas básicas – enunciados –, mas eles não impõem um conteúdo ou significado positivo à história, apenas uma função positiva. Esta função é uma relação entre discurso e objetos. Os enunciados permitem o rastreamento de relações complexas entre o que é dito e o que é visto, ao ponto de podermos começar a falar positivamente de genealogias ou relações emergentes que se mantêm entre ideias e coisas. A função é uma contração de relações.

O método histórico de Foucault pode ser esboçado em traços básicos a partir de seu trabalho sobre os enunciados. Podemos extrair duas importantes consequências da definição-chave de que um enunciado é uma função, ou seja, algo que articula relações entre outras coisas, ao invés de uma coisa positiva em si. Ambas as consequências permitem respostas às críticas referidas acima.

*Primeira consequência da definição de enunciados*

A definição significa que Foucault evita uma definição fixa positiva de enunciados. Um enunciado não é uma proposição (uma forma lógica) ou uma sentença (uma forma gramatical) ou uma declaração (algo dito por um sujeito). Cada um destes estabeleceria pressupostos para a forma de evidência a ser usada. Por exemplo, Foucault mostra como pode haver enunciados que não são lógicos, mas que têm uma função, ou seja, um efeito histórico (uma contradição, por exemplo). Ele mostra como enunciados podem existir (símbolos, por exemplo) e ainda assim não se encaixarem na forma gramatical da sentença. Ele mostra como alguns enunciados trabalham como funções, embora não possam ser definidos como uma declaração intencional de alguém (uma lista aleatória, por exemplo).

Esta resistência a uma definição positiva dos enunciados como entidades independentes é muito importante, já que evita a imposição de condições extra-históricas sobre o que pode se colocar como uma evidência histórica (quer tivesse uma forma lógica, uma forma gramatical ou fosse pensada em termos de atores humanos ou sujeitos). Foucault mostra que cada um destes é, em si mesmo, histórico; muda com o tempo. Ele também mostra que cada qual exclui eventos históricos significativos.

Mas se os enunciados não são coisas positivas que possam ser identificadas como tais, o que eles são? Eis a definição-chave:

> eu agora percebo que não podia definir o enunciado como uma unidade de tipo linguístico (superior ao fenômeno da palavra, inferior ao texto); mas que eu estava lidando com uma função enunciativa que envolvia variadas unidades (que podem às vezes ser sentenças, às vezes proposições, mas são algumas vezes compostas de fragmentos de sentenças, séries ou tabelas de signos, um conjunto de proposições ou formatações equivalentes); e, ao invés de dar um "significado" a essas unidades, esta função as relaciona com um campo de objetos; ao invés de lhes fornecer um sujeito, as abre para certo número de posições subjetivas positivas; ao invés de lhes fixar limites, as coloca em um domínio de coordenação e coexistência; ao invés de lhes

determinar a identidade, as coloca em um espaço no qual elas são usadas e repetidas (AK: 119).

Assim, um enunciado articula uma relação entre unidades linguísticas e campos de objetos. O papel do historiador é então duplo: é encontrar os (raros) enunciados que permitem que tais relações sejam traçadas; mas é também transmitir a abertura e contínua variação próprias à função.

Este é o motivo de Foucault falar em arqueologia. A arqueologia é o desenterrar de enunciados-chave em sua riqueza e em seus padrões de repetição e transformação em meio a uma riqueza de documentação. Ela levanta estas questões: Quais são os enunciados-chave aqui? Como eles determinam relações entre diferentes textos, declarações e signos (o "dito")? Como elas determinam relações entre diferentes objetos (no muito amplo sentido de algo visível ou sensível, um edifício, uma ferramenta, um som, um sentimento – o "visto")? E, mais importante, como elas determinam contínuas transformações históricas entre textos e objetos?

Duas observações seguem desta definição inicial do trabalho histórico. Primeiro, não é que o método de Foucault seja um exemplo de "vale-tudo". Ele permite o fracasso: a função poderia não aparecer. Segundo, ele permite julgamentos quanto ao sucesso relativo em termos de escopo, rigor e relevância. As questões seguintes mostram os limites e critérios que se aplicam ao método. O quanto a função varia (tanto no tempo como no espaço)? O quanto é um convincente argumento para as relações constituintes? Quão forte são estas relações em termos de formas contemporâneas com as quais elas supostamente se relacionam?

*Segunda consequência da definição de enunciados*

Não é verdade que não haja elementos positivos aos quais se possa recorrer e que se possam julgar em termos objetivos. O arqueólogo está comprometido com as seguintes questões e pode ser criticado por respondê-las mal. O dito e o visto a que se recorreu e postos em relação realmente existem? Há qual evidência deles? É robusta? As obras históricas de Foucault são estudos cuidadosos de textos e de objetos. Por vezes este trabalho pode se mostrar incompleto ou conter erros. Por vezes ele pode se mostrar inconvincente em traçar relações e em particular evidência. Isto é muito bom, já que submete o trabalho a critérios que inibem um relativismo vago e um desrespeito pela pesquisa minuciosa.

Com relação a enunciados, discurso e objetos, Foucault é um positivista: eles existem; podemos examiná-los; eles são abertos ao questionamento. Mas seu positivismo não é uma objetividade pura, no sentido, por exemplo, de uma história que afirmasse estar apoiada apenas em fatos livres de interpretação, ou no sentido de uma história que afirmasse ser capaz de verificar teorias de uma maneira quase científica (*estes fatos históricos comprovam esta teoria*). Ao invés disso, a seleção dos enunciados e a organização das funções são inerentemente abertas ao questionamento e à interpretação.

Os leitores devem então se perguntar se estão convencidos por estas seleções, não apenas no sentido da evidência, mas no sentido de sua efetividade em relação a problemas contemporâneos. A história foucaultiana da loucura ou qualquer arqueologia têm aspectos importantes a trazer para os debates e problemas contemporâneos, não num sentido geral, mas desde o ponto de vista singular de um pensador ou conjunto de pensadores se engalfinhando com um dado problema? Mesmo dentro dessas questões aparentemente subjetivas, há critérios e bases para julgamentos. Na passagem acima, a abertura e falta de fixidez das funções têm grande importância. A resistência à identidade e a utilidade e repetibilidade dentro de situações novas devem ser valorizadas. Isso explica as observações de Foucault contra a interpretação, o significado e os sujeitos; eles limitam tanto o uso quanto a abertura ao prendê-los a significados e atores dominantes.

A justificação para estes outros critérios está na forma dos enunciados. Ela seria atraiçoada por um retorno a significados fixos e ao controle de sujeitos, já que isto implicaria um modo prévio de organizar e selecionar enunciados. Mas por que isto seria um modo errado de proceder? A obra de Foucault estaria girando em círculos cada vez maiores que elidem a questão central de se deveríamos recorrer a certos fundamentos essenciais, tais como o sujeito humano e a objetividade científica, ou valores essenciais como a liberdade humana?

Não. Os livros de Foucault são exames cuidadosos de nossos pressupostos dominantes. Eles tentam mostrar como o significado é histórico. Eles tentam nos convencer dos limites do sujeito como um fundamento para a verdade, os valores e o conhecimento. Seu pós-estruturalismo é antifundacional, mas nas bases de uma extensa pesquisa sobre possíveis fundamentos e argumentos contra a necessidade deles.

O desafio então é ler sua obra e julgar se seus estudos são bem-sucedidos em resistir à imposição de tais fundamentos e valores. Seus livros têm o grande mérito de permanecerem abertos e de explicitamente deixar os julgamentos para "um certo número de posições subjetivas positivas". Isso não quer dizer que essas posições possam ignorar os critérios positivos delineados acima. Ser leal a Foucault é lê-lo criticamente e ser crítico de nossas próprias posições.

**O pós-estruturalismo como arqueologia: ciência e saber**

O positivismo de Foucault provê métodos e critérios para o sucesso ou fracasso de sua obra. Contudo, isto não significa que sua história e filosofia sejam ciências ou modeladas nas ciências. Elas não envolvem as mesmas restrições sobre o que pode contar como evidência, nem as mesmas exigências para as teorias se colocarem em relação entre si a partir de reivindicações sistematicamente reguladas à verdade (por exemplo, em termos de falsificação). A arqueologia e as genealogias que ela produz são mais flexíveis e amplas que as teorias científicas. Isso implica que Foucault deveria ser criticado por ser não científico?

Ele levanta uma versão desta objeção e lhe responde, nas seções finais de *A arqueologia do saber*. A resposta é de suma importância, pois envolve uma definição do saber como algo mais do que o conhecimento científico. Contudo, para esta distinção funcionar é importante estender o conceito do saber para dar conta da escolha do vocabulário por Foucault.

*Savoir* é o substantivo francês usado por Foucault. Ele pode ser traduzido como conhecimento/saber [*knowledge*] ou como aprendizado [*learning*]. A primeira é a opção adotada – corretamente – pelo tradutor de *A arqueologia do saber*[2]. Mas o verbo francês *savoir* tem mais significados que *to know*. Ela também enfatiza mais significados de *to know* mais fortemente. Em particular, com relação a questões de ciência, *savoir* não significa apenas "saber X", "saber que", ou "entender que" (todos os quais vertidos de modo melhor pelo verbo *connaître*); ele também significa "entender como", "ser informado de" e "saber/conhecer como".

A escolha das palavras por Foucault assim lhe permite argumentar que há uma forma importante de saber (*savoir* como oposto a *connaître/connaissance*) que de algum modo fica de fora do domínio das ciências, embora seja importante e valha a pena ser buscado, graças às ciências nós "sabemos que", mas isto ainda requer um "saber como" mais aberto e singular. Mais importante, ele também afirma que esta outra forma de saber permite *insights* críticos valiosos acerca da ciência, que não estão disponíveis na ciência propriamente dita. A ciência precisa da história, não apenas como algum tipo de registro, mas como uma ferramenta crítica viva.

A distinção está, portanto, no âmago do argumento de Foucault porque lhe permite afirmar que há saber (*savoir*) antes que as ciên-

---

2. Na versão em inglês, *The Archaelogy of Knowledge* [N.T.].

cias fossem bem-formadas: um "saber como" a caminho do "saber que". Ela também lhe permite argumentar que esta formação deve ser entendida nas bases da arqueologia (pela afirmação de que este "saber como" não é completamente acessível à ciência). Finalmente, a distinção lhe permite defender a visão de que o propósito dessa arqueologia não é dar um relato que serve à emergência de ciências verdadeiras e conhecimento verdadeiro. Pelo contrário, há um papel positivo e importante para a arqueologia ao lado e crítico de qualquer ciência dada.

Os passos detalhados dos argumentos de Foucault são importantes porque esclarecem as bases de sua distância das ciências. Eles são os seguintes.

1) Leva tempo para as disciplinas científicas emergirem. Há, pois, um tempo de evolução pré-disciplinar em que a noção de disciplina não pode dar conta do evento histórico de sua própria emergência. As regras, normas e práticas disciplinares não podem ser aplicadas aos processos que lhes suscitam. Os enunciados, formas de discurso e objetos positivos buscados pelo arqueólogo não serão necessariamente os da disciplina. Estas coisas variam muito mais e envolvem relações e conflitos mais elásticos do que as regras rigidamente reguladas da disciplina. Por exemplo, no caso da psiquiatria: "a formação discursiva cuja existência foi mapeada pela disciplina psiquiátrica não lhe era coextensiva, ela ia bem além das fronteiras da psiquiatria" (AK: 197).

2) Uma arqueologia é convalidada ao mostrar como diferentes eventos levaram a uma disciplina científica dominante e estabelecida. Isto porque o processo histórico envolve sobreposições entre diferentes disciplinas e formas que não estão sob seu controle. Portanto, qualquer relato que submeta uma série particular de eventos históricos a uma disciplina única exclui falsamente outros e inclui eventos extracientíficos que foram importantes

na evolução, embora possam agora ser insignificantes ou mesmo inadmissíveis do ponto de vista da disciplina final:

> Formações discursivas não são assim futuras ciências no estágio em que, ainda inconscientes de si mesmas, estão sendo silenciosamente constituídas; elas não estão, de fato, num estado de subordinação teleológica em relação com a ortogênese das ciências (AK: 199).

3) Esta relativa independência ante as ciências individuais não significa que a arqueologia e as genealogias resultantes sejam independentes das ciências: como uma "não ciência" daquilo que em si é não científico. Pelo contrário, elas podem influenciar e estudar mudanças em ciências maduras e bem-formadas; por exemplo, quando uma disciplina se cinde em outras, ou quando influências exteriores às regras rígidas de uma disciplina têm um efeito em seu desenvolvimento e em suas regras. Isso não quer dizer que o arqueólogo tenha que afirmar que as ciências estão cientificamente corretas em ter se cindido ou mudado. Quer dizer que há coisas positivas a serem observadas que mostram que mudanças ocorreram, onde ocorreram e em termos de quais relações. Quaisquer julgamentos devem acompanhar o rastreamento pelo historiador desta ocorrência.

Estes pontos levam Foucault a descrever o saber/*savoir* como oposto ao conhecimento científico. O primeiro é um agrupamento de diferentes elementos, não conforme uma regra científica preestabelecida, mas para explicar e rastrear a emergência de tais regras. Onde o cientista pode perguntar "Este experimento foi conduzido segundo as regras adequadas ao tema?", o arqueólogo pergunta "Como e onde tais regras emergiram? Que princípios de seleção estiveram envolvidos? O que foi rejeitado? Que diferentes influências se conjugaram? Que enunciados marcam a passagem de um sistema a outro?" Assim, a relativa maleabilidade do *savoir* arqueológico não é uma falta total de regras ou de foco. Pelo contrário, é uma resposta rigorosa ao problema de como obter saber a partir de um material diverso e heterogêneo:

> Analisar positividades é mostrar em acordo com quais regras uma prática discursiva pode formar grupos de objetos, enunciações, conceitos ou escolhas teóricas. Os elementos assim formados não constituem uma ciência com uma estrutura de idealidade definida; seu sistema de relações é certamente menos estrito; mas eles também não são itens de conhecimento empilhados uns sobre os outros, derivados de experimentos, tradições ou descobertas heterogênicas, e ligados apenas pela identidade do sujeito que as possui (AK: 200).

Saber/*savoir* deve ser um agrupar, ao invés de uma monolítica rejeição do que não se adéqua a regras específicas, porque muitas diferentes influências incompatíveis moldam uma ciência (ou qualquer forma rastreada por uma genealogia). O cientista corretamente ignora dados legítimos, aqueles baseados em superstição ou crença religiosa, por exemplo. Mas o arqueólogo deve ser capaz de considerar o contexto religioso e antirreligioso de emergência de uma ciência. Para Foucault ciência e arqueologia têm domínios de aplicação diferentes. Há lugar para ambas.

Mas isso deveria mesmo ser assim? Não seria melhor se concentrar nas ciências em sua forma madura, esquecer sua história heteróclita e aproveitar e proteger suas práticas bem-reguladas? Por que se incomodar com histórias quando nós temos os benefícios do seu termo? Ou – para mostrar o absurdo da posição de Foucault – deveríamos advogar que tudo se torne arqueologia, sem nenhum lugar para a ciência? Sua resposta a esses desejos é que, embora haja uma diferença no domínio, isto não significa que as duas formas de conhecimento não tenham um papel a desempenhar uma para a outra. Este é o caso para a arqueologia, onde as descobertas das ciências e de suas regras para evidência e prova são centrais à verificação do que Foucault chama de "positividades" (discursos e objetos). Não é que a arqueologia devesse menosprezar a datação pelo carbono ou provas científicas de autoria. O problema para além da ciência é como estas positividades devem ser agrupadas para descrever complexos de poder.

O problema é também, contudo, a razão por que não podemos simplesmente ficar em ciências estabelecidas, livres de preocupações sobre sua emergência impura e sobre o modo como ela se banha em formas extracientíficas de poder e misturas selvagens de forças contraditórias. Uma ciência deve responder ao discurso, à política, à sociedade, aos objetos além de seu direto escopo, à especulação, emoções, desejos. Ela deve interagir com o que Foucault chama de "ideologia". Quando ela o faz, sua genealogia volta a ter importância, porque a ciência tem de operar fora das fronteiras de suas próprias regulações e na esfera traçada pelo arqueólogo.

O pós-estruturalismo de Foucault não é anticientífico. Pelo contrário, busca uma extensão da ciência a outros discursos e busca explicar o papel da ciência na emergência de formas de poder, não como uma força negativa, mas como uma força que não pode estar livre de ideologia. Isto não é o argumento grosseiro e equivocado de que o método científico é necessariamente ideológico. Antes, é a ideia de que a ciência tem valor porque pode assumir um lugar importante entre muitas outras práticas, mas não há regras hegemônicas definitivas para os modos certos e errados de assumir este lugar.

# 6

# Pós-estruturalismo, psicanálise, linguística
## A revolução da linguagem poética, de **Júlia Kristeva**

### Revolução e pós-estruturalismo

*A revolução da linguagem poética* [*La revolution du langage poétique*] foi lançada na França em 1974. Foi traduzida numa versão muito abreviada em 1984. A abreviação se deve, sem dúvida, à grande extensão e escopo do texto original, que continha 640 páginas muito densas. Como a *Diferença e repetição*, de Deleuze, e *Discurso, figura*, de Lyotard, o livro consiste na longa tese de doutorado (*doctorat d'état*) de Kristeva na França. Os três livros são testemunhos da altíssima qualidade alcançada por esta forma de trabalho acadêmico hoje menos usual. De fato, uma consideração da mudança de trabalhos longos, relativamente raros e que exigiam enorme dispêndio de tempo, para trabalhos mais curtos e padronizados, beneficiar-se-ia de uma análise pós-estruturalista em termos das forças em ação e dos valores que estão declinando e sendo trocados por outros.

O título francês deveria ser compreendido como "a revolução *da* linguagem poética", bem como "a revolução *na* linguagem poética". Isto porque Kristeva não apenas acredita que há uma revolução na poesia e na literatura em fins do século XIX (com Mallarmé e Lautréamont), mas que esta revolução e outras posteriores (com Joyce, Artaud e Pound) constituem uma revolução social, linguística e política. Sua tese é, pois, muito mais que uma afirmativa sobre uma mudança dramática na arte. É uma afirmativa sobre o poder revolucionário da arte. O principal respaldo para esta afirmativa consiste na visão de que, ao desafiar e transformar a linguagem, a arte pode revelar e abalar estruturas políticas e sociais mais amplas. *Só realizando uma revolução na linguagem nós podemos realizar uma revolução na sociedade.*

Para Kristeva, um aspecto-chave desta revolução está em sua capacidade de mostrar como a linguagem é dominada por estruturas, desejos e formas de pensamento masculinas. *Sua revolução é uma revolução feminista – não exclusiva, mas essencialmente.* Ela deixa isto claro na inflamada conclusão do livro (cortada na tradução)[1].

> Assim que este poder é reconhecido como tal, ele se situa do lado do simbólico, de instituições, aparatos, estruturas que não reconhecem nenhuma "especificidade feminina" e que subordinam a problemática da reprodução à da produção. Neste espaço simbólico a mãe-mulher é consequentemente negada ou fetichizada: seu gozo autoconfiante é objetificado, intercambiado e perdido (RPL: 613).

A linguagem e a sociedade são de predomínio masculino, não apenas nem de modo mais importante por homens atuais, mas por meios de representar, de organizar, de trabalhar e de estruturar que são masculinos. O próprio fato de se negar este recorte de gênero das formas de representação e de organização mostra a exclusão da mulher, isto é, de formas especificamente femininas, ou mais propriamente de processos femininos.

As aspas de "especificidade feminina" na passagem acima indicam o problema que Kristeva está enfrentando, já que ela não se re-

---

1. Para o inglês [N.T.].

fere a uma forma física ou aos sentidos do feminino historicamente sob domínio masculino; bem ao contrário. A "especificidade feminina" deve ser entendida em termos de sexualidade, reprodução sexual e gozo, no complicado sentido capturado pelo termo francês *jouissance* (gozo, prazer sexual, prazer em possuir, orgasmo). Mas como Kristeva pode argumentar por esta especificidade e por seu poder artístico, social e revolucionário? Um conceito como o de "mulher" não deveria ser compreendido na linguagem em seus sentidos históricos e atuais, e a mulher não deveria ser compreendida através do conceito? De que outro modo elas poderiam ser compreendidas? Se há uma revolução feminista a ser realizada, ela não deveria se referir a ideias e formas concretas ao invés de fazer reivindicações sobre algo inefável que fica de fora daquelas?

O livro de Kristeva é uma resposta cuidadosamente argumentada a estas questões. É também uma crítica das bases delas. Seu argumento segue duas direções. *Primeiro, usando a psicanálise ela estuda processos que ficam de fora da linguagem, mas que são pressupostos por ela e dos quais ela depende. Segundo, ela mostra que esta dependência deixa a linguagem aberta a transformações revolucionárias internas.* É possível libertar os processos subjacentes de volta para a linguagem; este é o seu potencial revolucionário.

Esta libertação focaliza o processo psicanalítico da negação e o lugar para a revolução poética na linguagem. A revolução poética suspende a negação necessária na linguagem, ou seja, a necessidade dela de negar sua condição em processos inconscientes e na resistência deles às suas formas bem-ordenadas. Segundo Kristeva, a linguagem bem-determinada decorre de uma negação e rejeição de um leque *a priori* de processos que são desordenados e desordenadores, ao menos do ponto de vista do que constitui a verdade e o sentido na linguagem.

Para obter sentido de uma multiplicidade de impulsos e possibilidades contraditórias a linguagem impõe uma ordem ao negar alguns deles; por exemplo, ao rejeitá-los como *nonsense*, ou como envolvendo objetos aos quais não se pode referir, ou como contraditórios ante os pressupostos necessários da linguagem (em termos de gramática ou formas dialógicas). Este policiamento da linguagem é uma negação dos múltiplos processos dos quais ela emerge.

Contudo, a linguagem é também uma negação da negação ou desta função policiadora porque a linguagem se afirma como natural, ou verdadeira, ou só fazendo sentido se assume uma certa forma. É assim negado que outras possibilidades tenham de ser negadas no sentido de uma competição entre instintos e desejos. Antes, eles são negados no sentido mais profundo e mais enganoso de que não existem ou não são possíveis, ou são autocontraditórios ou ilusórios. Esta segunda negação é a negação da negação.

Em resposta a esta dupla negação – a negação do inconsciente pré-linguístico e então a negação desta negação – a revolução poética introduz aqueles processos de volta à linguagem. Isso é feito pela recusa de formas de ordem, veracidade, referência, gramática e diálogo (a possibilidade do sujeito, por exemplo). Um *nonsense* aparente, não gramaticidade ou contradição das regras gramaticais são mostrados como operando na linguagem. Mostra-se que isso tem um efeito e interage com a linguagem bem-ordenada.

A despeito de romper com a forma aceita, a linguagem poética deflagra efeitos através de outras formas de linguagem. Ela começa uma revolução nelas, no sentido de lhes dar novas formas, de infundir-lhes desejos rejeitados e, em consequência, forçá-las a rejeitá-las mais abertamente ou ordená-los em formas e desejos novos e mais manejáveis. Por exemplo, quando os poetas rompem com a gramática padrão, introduzindo formas novas e contraditórias, eles deflagram processos revolucionários, ao invés de meramente produzir exemplos de *nonsense* indigestos:

> O texto é capaz de explicar o mecanismo da rejeição em sua heterogeneidade porque ele é uma prática que pulveriza a

unidade fazendo dela um processo que postula e desterra teses. Noutras palavras, o texto expõe, pela representação, o momento extremo característico de todos os processos como prática (RPL: 208 – Tradução modificada).

Por heterogeneidade da rejeição Kristeva entende o duplo aspecto da negação e sua recusa e a recusa da recusa. A prática literária revolucionária é um processo de mudança, ao invés de um mecanismo simples e bem-ordenado (numa troca linguística funcional direta, por exemplo).

Para mostrar este mecanismo enganador o texto poético resiste e quebra a unidade imposta mediante as pretensões de ordenar a linguagem. Ele mostra que cada tese em linguagem é passível de ruptura e convida a que tal tese seja substituída (daí a necessidade de contínua revolução):

> Em todo tipo de sociedade e situação a função do texto é, portanto, levantar a repressão que exerce enorme peso no momento da luta. É uma função que, em particular, ameaça ou dissolve o liame entre sujeito e sociedade, mas que simultaneamente cria condições para sua renovação (RPL: 208 – Tradução modificada).

A exigência por ordem na linguagem é particularmente repressiva ("Suas pretensões à verdade devem ter esta forma. Você deve falar deste modo para ter feito sentido. Você não terá dito nada de válido senão nesta forma gramatical"). A poesia revolucionária mostra que cada uma destas formas de repressão tem de ser superada.

Ao fazê-lo, contudo, ela também mina a ligação entre o sujeito e a sociedade, na medida em que a conexão dependa desta ordem. Ou seja, o sujeito é um produto da ordem social (ao invés de uma condição para ela). Ele, portanto, cai quando a ordem é desafiada. Mais ainda, esta ordem é mais desafiada, frequentemente, ao se desafiar a forma, valor e necessidade do sujeito.

Isto não é um desafio destrutivo à possibilidade de qualquer sociedade. *Pelo contrário, Kristeva trabalha por uma relação dialética entre linguagem e instintos extralinguísticos e entre a linguagem da revolução poética e a linguagem bem-ordenada.* Cada um dos termos pressupõe o outro. A linguagem é necessária para a expressão dos instintos, ao mesmo tempo em que os pressupõe. O sujeito e a sociedade são formas necessárias para a revolução poética, ambas para que ela tenha lugar e como parte de seu futuro ordenamento.

A revolução poética força a linguagem a mudar, a se adaptar, a se abrir e entrar numa relação dialética com processos inconscientes. Ela também explica a intensidade e significância da linguagem, ou seja, como diferentes sentidos e reivindicações à verdade têm um impacto sobre nós em termos de desejos. A revolução é, portanto, permanente e junta negação e transformação numa dialética: uma contínua abertura e fechamento da desordem produtiva na linguagem.

Como Lyotard e Deleuze, Kristeva mostra pressupostos inconscientes por trás das visões habituais do conhecimento; em particular, do conhecimento sobre a linguagem em sua relação com o mundo. Este recurso a um inconsciente permite uma explicação de por que a linguagem nos importa, além do que ela é e de como funciona. Aqui, "importar" é muito mais do que cumprir um papel técnico importante, no sentido de nos permitir alcançar certos fins. Significa nos colocar em movimento, nos impulsionar a agir, perturbar e dar prazer, ser o objeto de fetiches, destruição e criatividade. *Primeiramente, a revolução é sobre a linguagem enquanto objeto de desejo, e não sobre a linguagem como ferramenta. Mas é também a libertação do desejo na aparente neutralidade da técnica e da função.*

### Pós-estruturalismo e linguagem: o semiótico e o simbólico

Mas como Kristeva justifica este recurso a processos extralinguísticos? Como ela pode demonstrar que estes processos existem e que eles minam ideias tradicionais sobre a linguagem? Por que esta necessidade de ser uma compreensão da linguagem em relação com o desejo ou com instintos inconscientes? Por que não é suficiente tentar refinar os meios pelos quais a linguagem nos permite fazer sentido uns para os outros e nos referirmos a coisas no mundo? Estas questões trazem à tona dois aspectos da obra de Kristeva que a fazem sobressair.

Primeiro, entre os pós-estruturalistas ela é talvez a mais dependente da psicanálise freudiana. Graças às ideias e interpretações freudianas e lacanianas, Kristeva é capaz de estudar processos, tais como a negação na linguagem, bem como impulsos pré-conscientes e inconscientes. Isto tem a grande força de fornecer uma extensa base teórica para seu recurso a processos, algo que por vezes falta em outros pensadores pós-estruturalistas. Contudo, isto incita o grande leque de reações críticas a Freud desde muitos campos diversos.

Em segundo lugar, *A revolução da linguagem poética* oferece o estudo mais completo de linguística dentre todas as obras pós-estruturalistas. Isto porque Kristeva busca demonstrar como um leque muito amplo de teorias da linguagem pressupõe, e ao mesmo tempo em que nega, processos extralinguísticos. O leque inclui o estruturalismo (notadamente, Lévi-Strauss, Hjelmslev e Jakobson), a fenomenologia (Husserl), teorias analíticas da linguagem (Frege) e a linguística contemporânea (notadamente Chomsky). Ela despende tempo mostrando como cada teoria deve ser complementada pelo apelo de Kristeva a processos pré-linguísticos. Isso explica em parte a extensão do livro, mas também sua ainda subestimada riqueza crítica. Explica também a ampla influência e posição importante de Kristeva entre os teóricos contemporâneos da linguagem. Entretanto, o livro não é apenas teórico; pelo contrário, no francês original é dividido em duas partes, onde a última e maior é uma aplicação da teoria antecedente (este trabalho posterior sobre Mallarmé, Lautréamont e Artaud – entre outros – também é omitido pela tradução em inglês).

Esta estrutura de teoria-aplicação e o compromisso com um amplo leque de novos termos teóricos (tanto os linguísticos quanto os psicanalíticos) é problemático do ponto de vista do pós-estruturalismo conforme desenvolvido alhures, os outros trabalhos estudados aqui põem maior ênfase na prática ante a teoria, ou seja, a teoria só emerge como uma prática. Com Kristeva não é esse o caso, pelo menos em suas obras iniciais. A clivagem de teoria e prática permanece com sua virtude de permitir uma definição clara da linguagem e de suas condições para emergir, mas também com seu vício de convidar a críticas dos conceitos criados por Kristeva em termos de sua dependência de afirmativas fundacionais, por exemplo, em termos de sua dependência de Freud.

Para Kristeva há uma prática poética, social e política revolucionária. Isto é dialético, contínuo e constantemente se autotransforma. Contudo, há também um aparato linguístico que permanece independente da prática e que lhe dá uma forma específica, por exemplo em termos da classificação dos impulsos em negativos e positivos. Esta teoria é, ela própria, dialética, no sentido de que qualquer separação e exposição de instintos envolve sua conjunção e interdependência. Contudo, as duas dialéticas não se confundem e a teoria e a prática ainda podem ser vistas como separadas em Kristeva de um modo incompatível com a desconstrução de Derrida, por exemplo.

*A base para a sua teoria é uma distinção entre o semiótico e o simbólico. Em termos simples, o primeiro pode ser associado com impulsos pré-linguísticos e o segundo com a linguagem bem-ordenada.* Contudo, já que Kristeva continua a caracterizar ambos os domínios como processos e não como objetos, é importante notar que o semiótico envolve processos que vão de si mesmos para o simbólico. É igualmente importante notar que a recíproca é verdadeira: os processos no simbólico transbordam no semiótico e são uma parte crucial deste. Esta relação entre os dois domínios é crucial para entender a linguística de Kristeva, já que perpassa todos os aspectos de sua obra de dois modos. Primeiro lhe permite desenvolver críticas de qualquer linguística que negue um ou outro destes domínios. Na prática, isto leva a uma crítica da negação do semiótico na linguística, e da negação do simbólico em práticas poéticas muito extremas que derivam a uma loucura destrutiva.

Segundo, permite-lhe estudar qualquer forma dada em termos de sua relação com ambos os domínios. Por exemplo, o sujeito (o sujeito humano) é "sempre semiótico e simbólico, nenhum sistema significativo que ele produz pode ser 'exclusivamente' semiótico ou 'exclusivamente' simbólico, sendo, ao invés disso, necessariamente marcado por um débito com ambos" (RPL: 24). Isso quer dizer que Kristeva se une a outros pós-estruturalistas no que não se adéqua à falsa caricatura de ser simplesmente "antissujeito". Pelo contrário, *o sujeito é uma forma necessária, e só é recusado quando definido como uma fundação primordial, pois de fato é o resultado de processos semióticos e simbólicos.*

Kristeva define o semiótico de alguns modos diversos. Todos tributários de Freud, especialmente porque o semiótico deve ser entendido como disposição ou instintos, energias ou processos primários. O semiótico é o campo onde estes instintos vêm a se juntar em séries de relações de deslocamento e condensação, ou seja, onde eles trabalham juntos, antes de terem um efeito sobre formas fixas atuais. Instintos inconscientes têm uma série de relações antes de operarem na consciência e antes que se possa dizer que trabalham em formas linguísticas. Isto é o semiótico. Kristeva dá a este campo um termo específico, a *chora* semiótica, "para denotar uma essencialmente móvel e extremamente provisória articulação constituída por movimentos e suas efêmeras estases" (RPL: 25). Esta primeira definição é difícil e dura de se relacionar com formas mais familiares. É portanto útil insistir em dois outros modos de compreender a *chora* semiótica. Primeiro, é pressuposto por formas familiares e pode ser descrito através delas, por exemplo em termos do sujeito:

> Quantidades discretas de energia se movem através do corpo do sujeito que não está ainda constituído como tal,

e no curso de seu desenvolvimento elas são organizadas segundo as várias coerções impostas ao seu corpo – sempre já envolvido num processo semiótico –, família e outros processos (RPL: 25).

Esta energia pode ser entendida como uma soma de desejos e instintos que não foram ainda organizados, por exemplo, quando estão presentes em uma criança muito pequena (Kristeva estuda as teorias freudianas do desenvolvimento infantil em profundidade em *A revolução da linguagem poética*). Mesmo com esta falta de organização, os impulsos são correlatos.

Os impulsos formam e desfazem relações. Eles ensaiam diferentes conexões, uns poucos dos quais apenas sendo depois juntados em organizações impostas. A soma desorganizada de relações é a *chora*: "deste modo as pulsões, que são cargas de 'energia', bem como marcas 'psíquicas', articulam aquilo que chamamos uma *chora*: uma totalidade não expressiva formada pelos impulsos e suas estases em uma motilidade que é tão repleta de movimento quanto regulada" (RPL: 25). *O semiótico é a um só tempo a fonte de nossos movimentos (energia), no sentido de atrações e a fonte de nossos crescentes estados mentais (marcas psíquicas)*.

A *chora* é "não expressiva" no sentido de que não é uma estrutura que tenha um significado mais profundo. Não é um sistema de signos que se refiram a algo externo a si. Nem, contudo, tem uma estabilidade estrutural que permitisse o emergir de sentidos como uma série de relações fixas repetidas, daí a insistência de Kristeva na motilidade (movimento e regulação onde nenhum deles assume o controle do outro). Este movimento e resistência à estrutura e à referência externa é de suma importância, já que de outro modo a *chora* poderia ser definida como outra linguagem, seja pelas coisas às quais se refere, ou por seu conjunto interno de relações fixas. Antes, a *chora* resiste a toda identificação sistemática deste tipo; sua identidade é efêmera e nenhuma instância dela fracassa devido a seus movimentos contínuos. Esta falta de identidade levanta uma séria objeção: pela questão de como sabermos que a *chora* semiótica está lá de algum modo. Qual é a sua evidência? Como é deduzida? É uma mera ficção ou há razões mais fortes para acreditar em sua existência?

A resposta a estas questões é que a *chora* semiótica é postulada e confirmada apenas por uma análise de seus efeitos. Isso explica o débito de Kristeva com a psicanálise freudiana, não apenas em termos de suas afirmativas sobre os impulsos inconscientes, mas também em seus estudos clínicos de tais impulsos, através de sonhos ou compulsões, por exemplo, e através de suas teorias sobre a sexualidade infantil.

*A revolução da linguagem poética* é amparada em teorias e estudos psicanalíticos cuidadosos e atualizados. Seu esforço se estende, para além de Freud, a estudos de Lacan e Klein. Isso não significa que o livro seja estritamente uma obra psicanalítica, mas significa que seus principais argumentos acompanham muito de perto as teorias psicanalíticas (como se poderia esperar de uma psicanalista praticante como Kristeva). Este respaldo em Freud na psicanálise é significativo porque distingue a obra de Kristeva de outros pós-estruturalistas (notadamente da posição crítica de Deleuze em seu *Anti-Édipo*, escrito com Félix Guatari; das tentativas de Lyotard de se afastar de Freud no início dos anos de 1970; e da relação crítica de Foucault com a psicanálise, notadamente em *História da loucura*).

Esta prevenção a uma aceitação irrestrita das teorias freudianas se deve à sua caracterização excessivamente forte dos impulsos e seu foco nas relações familiares e na sexualidade infantil, aspectos que Kristeva adota, por exemplo, em termos de castração e separação da mãe. Esta oposição reflete outras críticas a Freud e Lacan, por exemplo, em termos das bases científicas de suas teorias e em termos da natureza altamente especulativa de sua reflexão sobre os impulsos e a sexualidade. Por ambas as abordagens críticas da psicanálise, segue-se, no mínimo, que a obra de Kristeva esteja aberta às mesmas críticas que as de Freud e a de Lacan.

Há duas respostas fortes a estas críticas e problemas. A primeira é que a dedução do semiótico não é dependente da prática psicanalítica na obra de Kristeva. Antes, ela se segue do estudo crítico e psicanalítico das teorias linguísticas e do estudo de obras literárias. A validade dos estudos de Kristeva depende da força de sua obra literária e linguística, e não de uma autoridade secundária tomada a Freud e Lacan. De fato, poder-se-ia dizer que, se bem-sucedido, é possível seguir a psicanálise em termos de sua postulação de pulsões primárias sem ter que seguir a prática psicanalítica.

A segunda resposta é que a obra de Kristeva é crítica a Freud e a Lacan no que as obras deles falham em deixar um espaço para uma dialética aberta que possa desafiar qualquer dada visão fixa das pulsões. Isso explica por que Kristeva combina teoria psicanalítica com trabalho crítico sobre Hegel e com uma percepção da importância da contínua revolução que requer dialética, e não uma teoria estabelecida das pulsões e do papel delas no sujeito, na sociedade e na política.

Kristeva enfatiza os aspectos dialéticos e abertos (heterônimos) da teoria de Freud sobre as pulsões contra as tendências que gostariam de naturalizá-la:

> Teorias pós-freudianas das pulsões insistem mais no aspecto neurobiológico da pulsão e, em nossa opinião, acentuam sobretudo a divisão inerente ao movimento das pulsões. Elas falham em dar semelhante importância ao movimento fundamental de Freud ao ver uma heterogeneidade nas pulsões – uma materialidade significante e significável, de tipo conflitual, e cujos choques sucessivos produzem a função significante através do movimento do salto, ruptura, separação e ausência (RPL: 152, minha tradução).

O recurso de Kristeva às pulsões não se baseia na biologia. Uma das razões para isto é que esta perspectiva fixa as pulsões e as coloca em oposição umas às outras. Uma teoria científica das pulsões ou instintos naturais opostos não é a base do trabalho de Kristeva. Ao invés disso, ela lhes enfatiza a heterogeneidade, ou seja, a resistência à identificação (como se pudéssemos falar desta ou daquela pulsão natural).

Pulsões são movimento, não apenas em termos de nos compelir ao movimento, mas, internamente, ou seja, em termos de alterações dentro da pulsão em relação a outras. Este movimento gera significado, no sentido de ser aberto a uma restrição secundária que permite que emirja significado. Ele pode ser interpretado, mas tão somente de uma maneira temporária e passageira, porque nunca capturamos a pulsão. A conversão das pulsões em significado e estrutura é um salto, ao invés de uma representação ou identificação acuradas. Nós nunca apreendemos as pulsões e seus conflitos, apenas seus efeitos e apenas sob a condição de que esses efeitos estão mudando com as pulsões de modos que não podemos prever ou representar. A *chora* semiótica é um campo aberto, e não uma estrutura explicativa fixa.

O simbólico é esta restrição, interpretação e designação de significado baseadas nas pulsões. Ele decorre dos processos necessários de fixação do semiótico que Kristeva chama de o "tético":

> Devemos chamar esta quebra que produz a postulação de significação uma fase tética. Toda enunciação, seja de uma palavra ou de uma sentença, é tética. Ela requer uma identificação; noutras palavras o sujeito deve separar de e por sua imagem, de e por seus objetos (PRL:42).

Para que sentido e eus emirjam deve haver um processo que impõe uma ordem à *chora* semiótica. O processo de ordenamento depende de uma designação de identidade.

Esta designação é explicada por Kristeva em termos de linguagem, psicanálise e desenvolvimento infantil. O sentido requer referência a objetos e a sujeitos. Requer a identificação de diferenças e similaridades em termos da linguagem em si (palavras, sentenças), em termos de seus referentes (objetos) e em termos de seus usuários (sujeitos): similarmente, a criança se desenvolve de um estágio semiótico de muitos impulsos heterogêneos e caóticos, rumo a um sentido de si e da identidade como um sujeito ativo, ao identificar-se e o que o cerca, rompendo com sua relação indiferenciada com a mãe e restringindo a variedade dos impulsos a funções significativas.

O trabalho sobre a criança, a mãe e a castração (a ruptura com a mãe) é problemático, já que parece restringir o modo pelo qual a *chora* semiótica pode ser organizada, no que consiste e nossas interpretações dela. Estas raízes lacanianas da obra de Kristeva não são apenas problemáticas na medida em que podem ser falsas, mas também porque parecem contradizer a abertura atribuída a Freud. Por exemplo, a passagem seguinte mostra uma profunda dependência para com uma noção de castração que tem sido amplamente criticada enquanto uma afirmativa fundamental sobre o desenvolvimento: "A castração põe *os retoques finais* no processo de separação que coloca o sujeito como significável, o que quer dizer, separado, sempre confrontado por outro" (RPL: 47). A questão é: Por que é necessário definir o processo tético em termos de castração, e não em termos de uma ruptura necessária que pode assumir muitas formas?

O processo tético suscita o campo simbólico, isto é, uma estrutura de signos e regras que permitem a comunicação. Este campo é deliberadamente aberto no estudo de Kristeva, porque é concebido para incluir todas as afirmações de uma linguagem bem-ordenada (não todas as afirmações possíveis, mas as maiores dentre as habituais). O simbólico é, portanto, definido em primeiro lugar, como um sistema conectando referentes (objetos referidos a), o significado (os significados associados ao referente) e os significantes (as coisas percebidas que permitem referência e sentido). Em segundo lugar, é definido como pressupondo sujeitos e o social, ou seja, os usuários da linguagem e o contexto em que referente significado e significante se tornam conectados.

A primeira afirmativa de Kristeva sobre a região simbólica e sua relação com a *chora* semiótica explica sua posição importante dentro do pós-estruturalismo. Ela posiciona as obras estruturalistas dentro do simbólico. Isto lhe permite criticá-las por perder de vista os processos semióticos subjacentes, de dois modos. Primeiro, elas não entendem o modo como o simbólico é a negação do semiótico (mediante o processo tético delineado acima). Segundo, elas não entendem os papéis disruptivos, energizantes e transformadores do semiótico dentro do simbólico.

O simbólico é aberto à revolução e à transformação pela introdução nele de novos processos inconscientes. Esta introdução é tanto uma subversão da ordem vigente e a exigência de se restringir esta ordem através de novos processos téticos. Eis uma das descrições de Kristeva sobre este processo duplo no contexto da arte:

> "Arte", por outro lado, por definição não abre mão do tético mesmo ao pulverizá-lo pela negatividade da transgressão. De fato, este é o único meio de transgredir o tético, e a dificuldade de manter a função simbólica sob o assalto da negatividade indica o risco que a prática textual representa para o sujeito (RPL: 69).

*A região simbólica é transgredida pela revolução poética, ou seja, sua ordem é desafiada pelas formas criativas que a negam* (nos muitos modos diversos mapeados em detalhe por Kristeva, cf. "Processos em textos: Transformando o sujeito e a estrutura", p. 148). *Mas esta própria negação depende do movimento ao simbólico, daí ser definido em termos de uma negação.*

Esta passagem também possibilita uma outra reação à crítica do trabalho de Kristeva sobre a castração. Sua insistência ao longo do livro de que suas análises focalizam textos e prática textual mostra de novo que ela não está fazendo afirmações sobre "impulsos humanos naturais". Antes, sua obra é uma postulação de condições para a linguagem e para a relação entre a linguagem e a criação poética. Ela mostra como esta relação tem efeitos para o sujeito na linguagem ao invés de fazer a afirmativa familiar, mas muito mais problemática, de que a psicanálise de sujeitos humanos nos mostra como a linguagem deve funcionar.

### Encontros críticos: pós-estruturalismo e linguística

Uma consequência-chave da reflexão de Kristeva sobre a dialética ou interação via transformações e negações, do semiótico e do simbólico é sua investigação crítica de uma série de teorias linguísticas. É pelos estudos destas teorias que ela é capaz de chegar a uma definição do simbólico. Estes estudos são críticos, já que cada um mostra como um dado aspecto do simbólico é restrito ou insuficiente.

Em termos de pós-estruturalismo e linguística os argumentos de Kristeva são importantes porque permitem situar a linguística pós-estruturalista dentro da linguística contemporânea, através de uma série de tópicos críticos cuidadosamente argumentados. Nesta seção vamos observar aspectos de seus argumentos contra Husserl (linguística fenomenológica) e Chomsky (linguística da estrutura profunda). Na próxima seção veremos Frege (filosofia analítica da linguagem) e Lévi-Strauss (linguística estruturalista). Em cada caso, possíveis críticas à posição de Kristeva também serão ressaltadas.

A reflexão de Kristeva sobre Husserl se centra na noção do sujeito transcendental, ou seja, na questão de se a linguagem pressupõe o sujeito como uma condição necessária. É importante enfatizar que o sujeito transcendental tem muito pouco a ver com o sujeito empírico ou eu. Kristeva não está se referindo à ideia de que a linguagem requer falantes ativos, o que é organizada em torno da noção de um eu humano (por exemplo, em termos de narrativa ou em termos das posições de destinatário e emissor). Ao invés disso, o sujeito transcendental é uma condição para a linguagem em termos de sua clareza para uma consciência; em outras palavras que ele pressupõe um "ego transcendental intencional" (RPL: 31). Este sujeito não é um sujeito empírico (uma pessoa) que usa a linguagem com todos os seus aspectos e qualidades humanas. É uma consciência reduzida e dirigida ao mundo intencionalmente em seu uso da linguagem. Isto é anterior à egoicidade ou caráter na linguagem; é uma condição para eles.

O sujeito transcendental é potencialmente uma fonte de grave crítica ao apelo de Kristeva ao semiótico e às pulsões. Isto porque ele aponta para uma condição para a linguagem inconsciente com o apelo a pulsões. De fato, qualquer reflexão sobre pulsões, qualquer pulsão considerada na linguagem pressuporia o sujeito transcendental. Esta pressuposição não seria da forma dialética advogada por Kristeva, onde os impulsos e o sujeito simbólico são flagrados em processos de negação e transformação. Ao invés disso, ele organizaria partes da linguagem como imunes ao semiótico e à revolução poética. O sujeito seria *a priori*.

A resposta de Kristeva é mostrar que o sujeito transcendental é realmente apenas um ordenamento imposto a pulsões anteriores e, pois, à *chora* semiótica. Na terminologia delineada na seção anterior, o transcendental de Husserl não seria uma condição necessária, mas um processo tético. Como tal, ele seria uma forma contingente e mutável. Em suma, o argumento é que a linguagem não necessariamente requer uma consciência intencional.

O argumento depende de dois passos importantes. Primeiro, Kristeva argumenta que a dedução transcendental de Husserl depende de mais do que aparenta; isto porque ela formula uma distinção entre o sujeito transcendental e uma esfera que está fora dele, mas que lhe é a condição. Em segundo lugar ela pontua que esta esfera tem de ser definida de um modo muito estrito para a dedução se manter: uma distinção precisa ser formulada entre o sujeito e a esfera dos objetos.

Consequentemente, estes movimentos permitem a afirmativa de que o processo de negação que Kristeva situa na relação entre o semiótico e o simbólico se mantém entre o objeto e o sujeito transcendental, mas se mantém duas vezes na imposição de uma forma ao objeto e ao sujeito em relação ao objeto. Assim, a fenomenologia de Husserl pode ser considerada um processo tético que ilegitimamente nega sua condição na relação semiótica e simbólica.

> Assim, a questão não deveria ser o que o "Eu" produz, ao invés das operações deste "Eu"? Longe de postular o "Eu" julgador como origem, para nós tal questão apenas coloca o tético e o dóxico *dentro do processo significador* que vai além deles, e levanta uma nova questão: Como o tético, que é uma postulação do sujeito, é produzido? (RPL: 36).

A distinção esboçada entre produção e operação é importante porque mostra como o sujeito se relaciona com processos externos, ao invés de definir condições necessárias de sua essência necessária (e suas operações internas).

Estes processos não são produzidos pelo sujeito, mas produtores do sujeito. Daí este não ser uma origem, mas uma consequência de um processo significador, ou seja, o processo que permite à linguagem fazer sentido e organizar relações entre um sentido e referência. O dóxico, para Kristeva, é o processo que permite a um conjunto de crenças ser produzido (por exemplo, acerca da natureza dos objetos).

O tético e o dóxico pressupostos pela falsa origem husserliana requerem um apelo a algo não condicionado pelo sujeito transcendental.

> Previamente ao ego pensante dentro de uma proposição nenhum significado existe, mas existem articulações heterogêneas com a significação e com o signo: a *chora* semiótica. Embora discreta e disposta, a *chora* não pode ser unificada por um significado, o qual, por contraste, é unificado por uma tese, constituindo, como veremos, uma ruptura (RPL: 36).

Ao confundir o sujeito com uma origem, ou seja, como única condição para o significado, Husserl perde de vista outras condições que mostram que o sujeito não é uma origem. Ao expor esse argumento Kristeva se junta a outros pós-estruturalistas na crítica à origem (notadamente, Derrida e Foucault).

Contudo, os métodos dela são muito diferentes. Os profundos compromissos teóricos de Kristeva fazem sua leitura de Husserl, embora cuidadosa e respaldada em evidência textual, algo violenta ao impor um vocabulário que Husserl é muito cuidadoso em evitar (por exemplo, em termos do objeto). Isto abre a possibilidade de uma objeção a Kristeva, pelo argumento de que a redução fenomenológica de Husserl (o colocar em parênteses que permite que emirjam condições do pensamento) não faz as distinções que ela lhe atribui. Suspende-as, ao invés de depender delas.

Este é um ponto importante porque Kristeva conecta sua crítica a Husserl a sua crítica a Chomsky e aos esforços dele por uma linguística baseada em estrutura profunda. Ela pontua, como muitos outros o fizeram, que as estruturas gramaticais profundas deduzidas por Chomsky dependem de um sujeito universal e racionalista (o "Eu" em Husserl e Descartes) de um modo que mostra que as estruturas não podem ser universais, ou seja, válidas para todas as línguas. Isto porque o sujeito não é de fato universal, mas sim uma forma contingente e produzida.

Para Chomsky a linguagem é separada em uma estrutura superficial, um conjunto infinito de combinações de palavras que podemos manipular em sentenças altamente complexas, e a estrutura profunda, um conjunto muito mais restrito de regras gramaticais que governam a criação de sentenças válidas na estrutura superficial. A teoria de Chomsky permite que a linguagem seja vista como uma estrutura formal a despeito de sua aparente complexidade, porque, por mais complicada que a superfície pareça, ela deve ter sido gerada segundo regras profundas. Além do mais, isto permite a postulação de estruturas profundas universais válidas para todas as línguas.

Esta teoria linguística invalidaria completamente as afirmativas de Kristeva porque sua visão da linguagem como aberta em termos de suas transformações não admite regras lógicas universais subjacentes. Elas restringiriam a revolução poética, já que esta não poderia operar em contravenção às regras gramaticais profundas. Isso não significa que Kristeva seja necessariamente mais radical do que Chomsky, já que o problema é se um ou outro tem a linguística certa.

Se a teoria de Chomsky é verdadeira, então é a base certa para a crítica radical e as postulações universais. De fato, o compromisso de Chomsky com a dedução de estruturas profundas em uma base científica, seu racionalismo e sua crença na comunicabilidade universal de verdades são as bases para uma série de fortes críticas a alguns postulados pós-estruturalistas. Contudo, não no desgastado sentido do que é claro ou difícil, que abordamos na conclusão do capítulo dois. É no sentido de regras universais que mostram que diferentes ideias pós-estruturalistas envolvem postulados deformados ou inválidos.

A originalidade do contra-argumento de Kristeva é que nenhuma estrutura profunda pode dar conta das transformações radicais na linguagem explicáveis em termos de processos extralinguísticos associados com impulsos:

> Veremos que, quando o sujeito falante não é mais considerado um ego transcendental fenomenológico nem o ego cartesiano, mas um sujeito em processo [*sujet en process*], como é o caso na prática do texto, a estrutura profunda ou, no mínimo, as regras transformativas são perturbadas e, com elas, a possibilidade da interpretação categórica semântica e/ou gramatical (RPL: 37).

O termo-chave aqui é "a prática do texto". O argumento de Kristeva é que postulados sobre a estrutura profunda devem ser deduzidos em detrimento da criatividade textual (os novos modos de escrever) e da efetividade (seu efeito emocional, a necessidade de mudar as regras para considerá-las, a capacidade delas para controlar os impulsos). Em outras palavras, as combinações significantes na linguagem superficial, na poesia, vão de encontro às regras definidas pela estrutura profunda. A revolução na linguagem "funciona" a despeito da estrutura profunda. Assim, devemos nos voltar a uma explicação diferente, isto é, uma que situe a estrutura profunda na região do simbólico (na superfície) e numa relação dialética com um diferente tipo de profundidade: impulsos inconscientes e a *chora* semiótica como definida na seção anterior.

De acordo com Kristeva, a dedução por Chomsky da estrutura profunda só é possível se o sujeito já está pressuposto, ou seja, se a linguagem deve funcionar apenas em termos de ações e de um entendimento compatíveis com um modelo específico do sujeito. Mas se o sujeito é postulado como sendo um efeito da linguagem ao invés de uma condição, ele não pode permanecer com uma premissa para sua própria condição na estrutura profunda. O sujeito é criado e transformado. Relaciona-se com processos mais amplos e mais abertos. Não pode ser base para a dedução de regras lógicas universais profundas.

Para levar mais longe estas oposições críticas é importante passar ao estudo de textos por Kristeva, para ver se o sujeito pode ser despedaçado do modo que ela pretende. É neste contexto que será possível considerar seus argumentos críticos contra a filosofia da linguagem de Frege e a linguística estruturalista.

**Processos em textos: transformando o sujeito e a estrutura**

Os argumentos de Kristeva contra Frege são similares aos que a opõem a Husserl. Ela afirma que as posições de sentido e referência (denotação) na linguagem são produtos da imposição de uma regra, ao invés de a descoberta de uma forma necessária. Sentido e referência são os produtos de um processo tético que restringe as possibilidades da linguagem em relação com impulsos prévios: "Podemos concluir, assim, que o tético é a precondição para a enunciação e a denotação" (RPL: 53).

Neste caso a regra imposta está na clivagem entre sentido e referência, ou seja, na afirmação de que qualquer sentido depende da postulação de algo externo a ele: no objeto. Kristeva afirma que, mesmo ao se considerar o significado em arte, onde não há referente objetivo, a filosofia da linguagem de Frege ainda depende da distinção sentido/referência, pela *possibilidade* da referência:

> O *status* específico da significação na arte então resulta da ambiguidade constantemente mantida entre a possibilidade de um significado que remonta à gramaticalidade e uma denotação que é, de modo similar, dada na própria estrutura do julgamento da proposição, mas é realizada apenas sob certas condições [...] (RPL: 53).

Embora uma obra de arte possa não se referir a um objeto atual, sua construção deve, pelo menos, indicar a possibilidade de tal referência, por exemplo, quando consideramos um possível caráter ficcional.

Contra esta visão da necessidade de referência e da distinção sentido/referência, Kristeva define a literatura como uma *mímesis* criativa, ou seja, como a criação de formas linguísticas que imitam sentido e referência, mas lhes distorce e mina a relação. Por exemplo, para Frege, a verdade é a correspondência de um sentido com um objeto real (*the cat is on the mat*)[2]. Mas na *mímesis* nós apenas encontramos um semblante do tipo de significado que inclui a verdade e uma função denotativa ou referencial (thekatisonthe-

---

2. O gato está no tapete [N.T.].

mattress)³. A chave aqui está nas noções de distorção e subversão. Através da *mímesis* a literatura introduz uma distorção das formas gramaticais e uma subversão das regras simbólicas subjacentes (tais como sentido e referência). Não as nega enquanto tais, mas lhes nega a inviolabilidade, introduzindo um novo leque de questões como as condições para a produção criativa na linguagem.

A subversão se estende aos modos de decidir sobre a verdade e à presunção das formas do sujeito racional como enunciadores válidos (o emissor presumido de um dado enunciado):

> Ao imitar a constituição do simbólico como significado, a *mímesis* poética é levada a dissolver não só a função denotativa, mas também a função especificamente tética de postular o sujeito. A esse respeito, a linguagem poética moderna vai além de qualquer *mímesis* clássica – seja teatral ou novelística – porque ataca não apenas a denotação (a postulação do objeto), mas o significado (a postulação do sujeito enunciador também) (RPL: 55).

Assim, a referência fracassa com a distorção poética da linguagem, mas também fracassa a presunção de um sujeito racional, planejador, tentando transmitir um significado específico.

Ao invés disso, a linguagem é vista como produzida, mas não necessariamente com a intenção de comunicar um sentido. Na arte clássica os significados eram produzidos sem nenhum possível referente real, mas, com a arte moderna, mesmo os significados e a suposição de uma presença controladora de um autor racional fracassam. A distorção da gramática e das regras linguísticas é tal que outros produtores de linguagem entram no processo artístico, ou são revelados pela primeira vez (por exemplo, o acaso é introduzido no processo de escrever).

---

3. Ogatoestánocolchão [N.T.].

Contudo, esta guinada à *mímesis* enfatiza a possibilidade de uma série de difíceis objeções a Kristeva. A linha do argumento é a seguinte. Não importa se a linguagem pode ser distorcida. O que importa é se a distorção tem alguma validade ou interesse. Assim, é verdade que se pode romper com a gramática, mas o que é produzido é *nonsense*, e não um desafio à referência. Uma sentença distorcida não é uma subversão do sentido e da referência. É simplesmente um fracasso que prova a necessidade das regras com que ela rompe. A não gramaticalidade não pode ser simplesmente descartada como irrelevante para questões de sentido, referência e verdade?

De modo similar, uma obra de arte que é produzida sob a influência de drogas, ou com um alto grau de acaso, ou em comum com outros, ou exigindo enorme investimento do leitor, não é de maneira nenhuma uma ruptura com um sujeito. É uma produção por um sujeito sob influência de narcóticos, ou com outros sujeitos, ou com um alto grau de acaso, ou com uma grande ambiguidade requerendo interpretação. A necessidade do sujeito não é questionada de modo algum, apenas a forma e o grau de controle exercido sobre a obra. O sujeito não é sempre necessário e anterior a quaisquer outros processos que possam ser introduzidos na obra de arte?

As respostas de Kristeva a estes pontos se voltam para a afirmação de que há significação na *mímesis* da arte moderna. Contudo, este significado não é de uma forma bem-determinada, no sentido de um significado fixo que pudesse ser associado a um objeto particular. Antes, o significado consiste na relação entre impulsos semióticos (os desejos associados a um dado conjunto de marcas) e à perturbação das regras. De fato, o choque, na ausência de um sentido facilmente reconhecido, é uma forma de significado para Kristeva.

Por exemplo, quando Mallarmé quebra frases ao longo de séries de páginas, há tanto o desejo de recombinar as palavras separadas numa sentença que faça sentido quanto o desejo de fitar as palavras independentes. Além disso, quando a frase quebra é em si mesma ambígua, ela reúne uma série de possíveis significados sem permitir que algum predomine, ou seja descartado. Não temos *nonsense*, já que algo significante está acontecendo, tanto em nossa relação com as regras linguísticas quanto na relação de nossos desejos com a linguagem. Similarmente, não perdemos o sujeito completamente na criação poética moderna. Encontramos o sujeito pego e produzido por uma série de processos. Assim, quando Kristeva é criticada por não conseguir ver o sujeito ainda presente, sua resposta é aceitar o argumento, mas negar que o sujeito possa ser desvinculado de uma série mais ampla de processos. Estes processos dependem de impulsos e desejos inconscientes que os conectam e que influenciam sua transformação. "O sujeito nunca é. O *sujeito* é apenas o *processo significador* e ele aparece apenas como uma *prática significadora*, ou seja, apenas quando ele está ausente *dentro da posição* a partir da qual a atividade social, histórica e significadora revela" (RPL: 215).

Esta definição do sujeito como processos apreendidos na relação dialética do semiótico e do simbólico – e, pois, também parte do processo tético da imposição necessária de ordem na linguagem – leva à crítica de Kristeva ao estruturalismo. Isto porque ela considera que as análises estruturais sempre fracassam em capturar os processos subjacentes em ação por trás das estruturas que elas revelam. Isso não seria grave se as estruturas fossem independentes dos processos que lhes suscitam. Mas não é este o caso.

Por exemplo, Kristeva estuda a distinção desenhada na obra do estruturalista Lévi-Strauss entre totemismo e sacrifício. O totemismo envolve o estabelecimento de fronteiras que não podem ser atravessadas entre diferentes formas de vida (animais, homens e deuses, por exemplo – todos valorados de seu modo próprio, mas independentemente e sem comparação). O sacrifício, pelo contrário, organiza as formas como sendo substituíveis (o animal sacrificado substitui o homem, num ato em que o homem substitui um deus). Assim, uma linguagem baseada no totemismo deveria ser radicalmente diferente de uma baseada no sacrifício, porque a primeira não deve permitir a permutabilidade entre os símbolos, enquanto que a segunda sim. Mas Kristeva assinala que o totemismo emerge de um sacrifício, no conjunto de impulsos e desejos negados para que a ordem fixa emirja. Assim, o totemismo é um compromisso com uma ordem simbólica que nega ou esquece a violência e negação que haviam tido lugar para que uma ordem simbólica emergisse com a *chora* semiótica. Por exemplo, um totemismo baseado na separação absoluta entre dois sexos só pode emergir contra o pano de fundo do sacrifício de desejos associado a um terceiro sexo ou a uma travessia das fronteiras entre os dois sexos (como mostrado no capítulo 5).

O sacrifício, por outro lado, superestima um processo tético particular que quebra uma série de relações em regras e símbolos separados e particulares. Ao invés de admitir que muitas regras diferentes poderiam ser impostas aos impulsos primários, o sacrifício é uma "teologização" do processo tético, porque se celebra uma imposição de regras sobre uma conexão de impulsos. A emergência a partir da desordem não é escondida, mas é fixada em termos de quais regras deveriam emergir e o que pode legitimamente consistir num sacrifício para uma ordem mais ampla: "o sacrifício nos recorda que o simbólico emerge a partir da continuidade material através de um salto violento e imotivado; enquanto que o totemismo já é uma apropriação do *continuum* baseado no simbólico que já havia sido preparado" (RPL: 78).

O fato de que o estruturalismo não pôde reconhecer esta conexão de totemismo e sacrifício e seus diferentes estatutos na relação do semiótico e do simbólico levam a uma crítica de longo alcance. Kristeva é capaz de assinalar que o estruturalismo não pode criticar o totemismo por sua imposição de uma ordem particular ou distinções simbólicas fixas: a ordem "simplesmente é". Tampouco ele pode criticar o sacrifício por sua elevação de um único processo de emergência dos impulsos à ordem: o único processo "simplesmente é".

A revolução na e através da poesia é possível por causa de uma dialética mais profunda que correlaciona processos extralinguísticos profundos e ordens simbólicas, mas sem fixar nenhum deles:

> Em última instância, tal dialética nos deixa ver práticas significadoras como divididas assimetricamente – nem absolutizar o tético numa possível proibição teológica, nem negar o tético na fantasia de um irracionalismo pulverizador: nem o divino *fiat* de transgressão impossível e produtor de culpa, nem a estupidez "romântica", para a loucura pura, o automatismo surrealista ou o pluralismo pagão. Antes, devemos ver a condição do sujeito da significância como uma contradição heterogênica entre dois elementos inconciliáveis – separados, mas inseparáveis do processo, no qual assumem funções assimétricas (RPL: 82).

A revolução pós-estrutural de Kristeva na linguagem poética resiste a postulados de leis universais e de ordens simbólicas naturais. Mas também resiste a evocações niilistas da irrazão e do caos. Ao invés disso, a relação de nossos impulsos com nossas linguagens se torna o lugar para uma revolução crítica que invalida a falsa subordinação da linguagem a regras e lógicas profundas, e as correlatas subordinações sociais e políticas que se insinuam sob o manto da "necessidade" ou "natureza".

# 7

# Conclusão
Pós-estruturalismo no futuro

**Um novo Iluminismo**

O pós-estruturalismo tem um importante papel a desempenhar em um novo Iluminismo. Um novo movimento é requerido para se restaurar o papel do pensamento criativo e crítico em todos os aspectos da vida. As obras pós-estruturalistas são excelentes nesta função crítica devido ao seu variado, rigoroso e profundo questionamento de tradições e estruturas, mas seu papel não é apenas negativo. Elas também sobressaem pelos múltiplos modos pelos quais redefinem a criatividade em relação com uma exaustão criativa e falta de impacto. Crítica radical e criatividade andam de mãos dadas. Em relação com ambas, o pensamento se torna mais dinâmico e flexível. Torna-se, pois, também uma grande força de mudança.

Desde seus inícios no século XVIII, o Iluminismo, ou o uso da razão no conhecimento, na ética e nas artes, tem tido papéis construtivos e destrutivos, embora ambos devam ser vistos como positivos na luta contra os inimigos do pensamento profundo. Destrutivamente, o Iluminismo defende o pensamento contra todas as formas de dogmatismo (a crença em ideias e valores irrefletidos ou falsos). Ele também defende a vida contra a ausência de pensamento crítico e criativo, ou seja, contra a inércia e a estupidez. Finalmente, ele luta contra o mau uso do pensamento numa defesa ou propagação deliberadas de falsidades, por exemplo, medos infundados em troca de ganho ou poder pessoais.

Positivamente, o Iluminismo contribui para a construção de modos abertos de vida baseados no pensamento crítico. Para tanto, contribui à criação de ideias que encorajam formas de vida resistentes a influências negativas como o dogmatismo e a preservação interesseira de falsas ideias. Com o pensamento pós-estruturalista, a abertura é levada a um grau muito alto mediante um compromisso constante com a diferença: Como as vidas e sociedades podem se manter abertas ao que difere delas?

Onde quer que a mesmice e a identidade sejam consideradas fundamentos, o pós-estruturalismo desvela diferenças ocultas. Ele busca afirmar essas diferenças em resposta a exclusões ilegítimas e, assim, estende e transforma a racionalidade esclarecida. O pensamento – uma extensão do uso da razão desde os tempos iniciais do Iluminismo – se volta para as bordas externas das formas de conhecimento. Essas bordas são mostradas em ação mesmo nos poderes que as excluem: os limites do conhecimento estão em ação de modos positivos em seu âmago.

Pós-estruturalismo e Iluminismo concernem à formulação de questões, de métodos e de princípios que revelam os difíceis problemas com que o pensamento tem que lutar. Se pretende ser genuinamente aberto, o pensamento não deve se desviar destes problemas. As questões, métodos e princípios oferecem um arcabouço para a criação de ideias e conceitos que transformam os problemas para lhes alterar a influência negativa na vida.

Isto deve ser feito sem esconder esta influência, ou fingir que ela possa desaparecer de uma vez por todas. Só o dogmatismo promete tais milagres em qualquer parte da vida. Esta é a primeira razão pela qual muito da abertura e racionalidade das sociedades de hoje em dia é apenas aparente, negligenciando os problemas reais em ação.

A dificuldade das obras pós-estruturalistas não é uma excêntrica ou desonesta decisão de tornar verdades simples obscuras. É uma tentativa cuidadosa de mostrar a complexidade da realidade e dos problemas que afligem a vida. É também, contudo, uma afirmação das ricas diferenças que podem melhorar a vida.

Contra estas definições poder-se-ia argumentar que o Iluminismo é em primeiro lugar uma luta contra a crueldade e o mal. Mas, embora importante, esta luta não é a função primordial do Iluminismo. Certa crueldade resulta da ignorância, por exemplo, da superstição, mas não toda. O mal é uma palavra com raízes mais fortes no dogmatismo do que no Iluminismo, pois oferece a ilusão de uma explicação, onde há apenas o recurso preguiçoso ou desonesto a valores prévios e frequentemente indiscutidos. O mal é um rótulo usado por falta de entendimento.

Pós-estruturalismo e Iluminismo não podem ter a luta contra a crueldade e o mal como suas funções principais. Elas apenas decorrem de um compromisso prévio com o pensamento. A luta contra a ignorância pode funcionar contra a crueldade e a injustiça. Uma maior compenetração pode incluir em movimento para além de definições do mal e rumo ao entendimento da crueldade e da violência. Mas o principal alvo do pensamento deve ser o embate contra ignorância e à estupidez. Em termos desses argumentos, é importante perceber que a crueldade e a violência são possíveis no próprio pensamento, em ideias não verificadas, ou em métodos aplicados sem sensibilidade, ou em princípios imponderados, ou nas muitas formas de autoengano.

Por exemplo, Deleuze argumenta que, se o reconhecimento é tomado como uma faculdade-chave no pensamento, então será caracterizado desde o início como conservador. Isto porque o modelo do reconhecimento pressupõe uma familiaridade prévia e define o pensamento contra experiências radicais desde o começo. Ele argumenta que este é um falso modelo para o pensamento, notadamente porque não há nenhuma representação primeira da qual partir. Nisto Deleuze se junta à crítica de Derrida e Foucault às origens. Não há nenhuma origem pura; ela sempre tem raízes mais profundas e se modifica com o que se lhe segue.

Com o pós-estruturalismo, o Iluminismo ganhou mais recursos para a crítica do controle da faculdade do reconhecimento sobre o pensamento e da capacidade dela de reforçar o conservadorismo. Os pensadores pós-estruturalistas desenvolvem muitas críticas diferentes da origem, contra falsos postulados de começos e de valores puros que seriam externos às contingências e variações da história. Valores puros e fontes puras são formas de dogmatismo. São as bases para exclusão ilegítimas; por exemplo, em termos de juízos acerca de formas de vida decaídas que supostamente traem a origem e sua pureza. Não há tais formas decaídas. Não há lugar nenhum do qual decair.

De novo, contra esta aliança de Iluminismo e pós-estruturalismo poder-se-ia observar que os recursos críticos e criativos de pensamento já estão prontos, mas nos falta a vontade ou capacidade de colocá-los em prática. Poder-se-ia então dizer que o pós-estruturalismo é um desses obstáculos ao debilitar a vontade e ao ofuscar os valores reais. O primeiro ponto perde de vista a natureza dinâmica dos problemas e respostas em jogo. A forma de qualquer esclarecimento deve mudar, como a razão e a vida mudam, segundo as forças e exigências predominantes em ação nelas. A natureza do poder, da tecnologia, capital e do que entendemos ser a vida humana e toda vida mudaram nos últimos séculos. Essas mudanças exigem diferentes respostas em termos de resistência, adaptação e da exploração dos lucros que podem decorrer delas.

O pós-estruturalismo não é, então, nem causa para a perda de vontade, nem causa de confusão. Ele destaca novas relações entre o pensamento e seus contextos. Explica a relação entre pensamento e sociedade, vida e condições frequentemente inconscientes. Estas explicações exigem novos modos de pensar o papel e o poder revolucionário da razão e do pensamento. Elas são fundamento não para o desespero, mas para um entusiasmo renovado. Não são difíceis ou mesmo confusas, mas acréscimos importantes ao conhecimento e poderosas transformações dele.

### Pós-estruturalismo e Iluminismo: objeções críticas

Cada uma das obras pós-estruturalistas aqui estudadas oferece novas respostas às limitações enfrentadas pelo projeto iluminista nos tempos modernos. Cada uma também delineia novos modos de pensar as dificuldades enfrentadas pelo pensamento, tanto de dentro quanto externamente. Foucault demonstra como o poder se desenvolveu em relação com novos modos de pensar o sujeito e a liberdade humana. Em reação a estas mudanças, ele sugere novos modos de pensar a história e a relação entre sujeitos, saber e eventos. Deleuze mostra como o senso comum e o julgamento são ainda tributários de compromissos metafísicos com a identidade e com a representação, em detrimento dos sentidos mais valiosos das diferenças e variações na repetição.

Derrida mostra os pressupostos metafísicos negativos em ação mesmo nos textos mais racionais e bem-intencionados. Ele nos dá uma ampla variedade de técnicas textuais e casos práticos para acrescentar novos modos de pensar a verdade e suas relações positivas e negativas com a violência. Lyotard nos lembra de eventos que transbordam as fronteiras da razão, e ainda assim são relevantes se pretendemos ser justos ao responder a conflitos insolúveis. Kristeva mostra como cada novo modo de pensar a linguagem e o poder revolucionário da arte consideram os processos inconscientes em ação antes de qualquer forma determinada de linguagem entrar em cena.

Nenhum desses pensadores defende um abandono da razão e do pensamento. Ao invés disso, cada qual sugere modos de refinar o pensamento em situações práticas nas bases de definições novas, mais sutis e mais includentes. Eles não defendem uma rejeição do cerne positivo do Iluminismo, mas um esforço crítico criativo, cuidadoso e rigoroso, para manter seu poder e frustrar sua capacidade de autodestruição e sua tendência à estagnação.

É possível pensar nesta relação entre razão e pensamento em um novo iluminismo como um diálogo e dialética entre a razão e o que fica de fora dela. Cada qual transforma e informa a outra, e nenhuma pode ficar sozinha. Isso vem à tona fortemente na recusa dos autores pós-estruturalistas em assumir posições absolutamente "anti", em particular anticiência. Ao invés disso, a questão principal é como impedir a ciência de se tornar um árbitro falsamente exclusivo da verdade, embora mantendo sua capacidade de abrir novos campos para o conhecimento e defender a vida contra a ignorância.

A ciência desempenha um papel central no Iluminismo por sua capacidade de desbancar a superstição e formas de dogmatismo, em seu extremo alheamento da evidência e da consistência. É também crucial esperar no futuro por sua capacidade de revolucionar nossas vidas práticas e lhes infundir compreensão profunda de nosso ambiente e de nosso lugar nele. A ciência é uma fonte de repúdio severo à ignorância e do deleite de viver característico do Iluminismo racional. Se o pós-estruturalismo fosse anticiência – como por vezes se alegou –, então não haveria nenhum sentido em sua associação ao Iluminismo. Mas, conforme mostrado em cada um dos capítulos anteriores, ele não é anticiência. O pós-estruturalismo tem uma relação crítica com a ciência, não para eliminá-la, mas para lhe permitir se desenvolver, sem se tornar, ela própria, uma força que negue seu caráter reformador e aberto. O pós-estruturalismo também tem uma relação criativa com a ciência em termos de sua relação com formas extracientíficas de pensamento, por exemplo nas artes ou em relação à história e à ética. A ciência é central para qualquer iluminismo, mas apenas em cooperação com outras fontes de ideias e de verdade que a submetam à crítica e à influência externa. Não há ciência pura, e a ciência não pode ser o árbitro final da verdade.

Ainda assim, duas objeções ulteriores devem ser respondidas ao se fazer esta postulação pelo futuro do pensamento e do pós-estruturalismo. Por que um movimento retornaria à ideia de iluminismo, quando muitos de seus argumentos críticos parecem se aplicar contra valores e princípios iluministas? Por que qualquer iluminismo se voltaria ao pensamento pós-estruturalista, quando ele tem seus próprios valores, e quando esses valores parecem incompatíveis com os do pós-estruturalismo? O pós-estruturalismo não é anti-iluminista (a despeito de seus apelos ao diálogo)? Isso não quer dizer que ele não pode ter nenhum papel a desempenhar se não fora desta tradição?

Tais questões perdem de vista um aspecto-chave do pós-estruturalismo. Ele trabalha dentro do que ele sucede, não para destruí-lo em nome de algo melhor e diferente, mas para trazer à tona sua máxima capacidade de abertura à mudança, em linha com seus valores mais altos. Esta abertura é política. É um convite a experimentar com novos modos de pensar a diferença e os limites do conhecimento. É também um desafio a todos os modos de pensar calcados em valores e identidades fixas. Nada permanece o mesmo ao longo do tempo ou dentro de limites espaciais, e, quando nos agarramos à ilusão dessa mesmice, nós impomos os valores de uma falsa identidade sobre o que difere dela.

Esta relação com uma identidade condutora é um dos maiores problemas para o iluminismo. Como construir e utilizar ideias que excluem formas de vida ou que falham em ser flexíveis com relação a novos obstáculos? Como se manter crítico a suas próprias tendências à mesmice e à estagnação, quando ele deve também se manter vigilante contra seus inimigos no conservadorismo, no autointeresse e na ignorância, ou ainda numa aliança desses três? Como lutar contra sua própria tendência necessária a raízes particulares, quando o poder dos mercados e tecnologia irrestritos, bem como os velhos inimigos dogmáticos ressurgentes, parecem exigir um compromisso irredutível com a razão?

Todos os autores aqui estudados trabalham com estes desafios em mente. Eles não são niilistas e é um erro confundir a crítica radical de certas formas de razão com uma oposição ao valor do pensamento. Contudo, é também um erro presumir que um iluminismo construído em torno da razão e guiado por valores seguros possa escapar das críticas pós-estruturalistas. Não é que se deva descartar o escrutínio racional, a descoberta e investigação científica, e os valores da tolerância, do humanismo e da democracia. Eles devem é, às vezes, ser enriquecidos, às vezes levados mais longe e, às vezes, temperados.

Por exemplo, o trabalho de Lyotard sobre diferenças que não podem ser transpostas não é antidemocrático. Antes, ele quer encorajar o pensamento sobre os tipos de situação em que decisões democráticas podem mesmo assim serem injustas. Ele também quer sugerir formas de ética e apelos a sentimentos que nos ajudem a atestar eventos que revelam esta injustiça. Por fim, ele acredita que a democracia deve se desenvolver com uma consciência de suas raízes históricas e da dependência delas, ante formas de narrativa que definem quem está dentro e quem está fora (mesmo porque a democracia é fundada por uns poucos em nome de muitos). Isso não é se opor à democracia, mas propor as condições para sua implantação.

Este trabalho não pode ter lugar dentro de uma ortodoxia iluminista ou racionalista. Qualquer apelo deste tipo a um âmago consistente perderia de vista a necessária flexibilidade exigida pelas qualidades críticas e autocríticas do Iluminismo. Ele também negligenciaria a criatividade necessária à transformação de pensamento correlata a mudanças na vida e na sociedade; assim como estas se desenvolvem, assim o pensamento deve fazê-lo. Isto não implica minimizar a força de um apelo a um compromisso com a ortodoxia em tempos difíceis. Antes, é afirmar que este apelo leva a uma posição contraproducente onde os valores mais profundos do Iluminismo são descartados em favor de sua própria tendência ao dogmatismo.

Esta tendência explica a crítica pós-estruturalista ao Iluminismo. Não é uma rejeição total, mas uma consciência das exclusões violentas, certezas enganosas e erros estratégicos. Por exemplo, uma definição restritiva do pensamento que superestime a racionalidade exclui aspectos do pensamento que são importantes e impossíveis de se eliminar. O pós-estruturalismo rastreia formas que resistem à incorporação na racionalidade, como os sentimentos ou o inconsciente. Ele não o faz apenas para mostrar uma rejeição ou uma incompatibilidade, mas para argumentar que os sentimentos e o inconsciente estão presentes mesmo na racionalidade que os rejeita.

Kristeva argumenta que qualquer linguagem ou sistema simbólico pressupõe um leque de processos extralinguísticos inconscientes. Os sistemas devem envolver esses processos em termos do que é rejeitado e do que é cortado dos movimentos e impulsos materiais anteriores, quando a estrutura básica da linguagem é instituída; por exemplo, no modo como um sistema rotulador permite que algumas coisas apareçam e organiza uma relação entre rótulos e as coisas, enquanto perde de vista outros impulsos e movimentos que falham em ser rotulados ou que vão além dos limites das coisas identificáveis. A linguagem não nos permite ver tudo o que está ali. Ela nega algumas coisas em favor de outras, não apenas em termos de objetos, mas em termos de como se presume que a linguagem funciona e fracassa.

Os processos subjacentes são as rejeições, negações e valorações que permitem que uma linguagem sistemática emirja, mas qualquer linguagem também contém as sementes de sua própria perturbação e destruição, no potencial revolucionário da linguagem poética. O valor do que alguns podem julgar como *nonsense* ou delírio poéticos consiste no desafio que pode se erguer contra qualquer naturalidade aparente de um sistema; por exemplo, o que podemos pensar em termos de sujeitos ou atos bem-sucedidos, ou em termos de um leque dominante de verdades e valores. O valor e a verdade estão também na revelação de um potencial oculto em cada linguagem para ser diferente e se desenvolver. O Iluminismo não deveria temer a revolução. Nem prejulgar o que pode se apresentar como revolução.

Negligenciar esta complicada inter-relação de corpo e mente, de sentimentos e deduções de consciência e inconsciente, do conhecido e do novo é assim recair em falsas certezas, por exemplo um sujeito humano livre e autônomo, ou uma noção de racionalidade pura. Este é um erro estratégico, já que se perde uma fonte importante de conhecimento e força, embora também superestimando a força e resistência reais, por exemplo, da livre escolha ou dos cálculos racionais individuais. Eles são mais frágeis do que podem aparentar, e ignorar esta fragilidade interna é fragilizá-los ainda mais. Eles podem ser fortalecidos, mas apenas quando destilados com o que lhes parece externo e estrangeiro. Mas esta guinada à complexidade não é feita em dois aspectos? Primeiro, só se superam problemas difíceis ao simplificá-los. Não basta dizer que esta simplificação é errada, se é o único caminho pela frente. Segundo, mesmo se se aceita que há uma relação necessária entre coisas distintas, isto não quer dizer que elas têm o mesmo valor.

Contra o pós-estruturalismo, o propósito do Iluminismo poderia então ser discernir diferentes formas de vida e pensamento, para nos permitir agir pelos valores superiores e contra os inferiores. Com sua ênfase na síntese, ao invés da análise simplificadora, e com sua dependência de noções de conexão infinita, ao invés de divisão, o pós-estruturalismo parece destinado a ser inapelavelmente não prático e incapaz de diferenciar valores altos e baixos. Mas não é este o caso; a complexidade pode levar à ação efetiva e a distinções cuidadosas.

### Pós-estruturalismo e pragmatismo

Complexidade e conexão foram termos recorrentes ao longo deste livro. Ao olhar além dos limites do conhecimento, e ao recuar estes limites para dentro do âmago, as obras pós-estruturalistas mostram como as formas familiares não são independentes umas das outras e do que pode ter parecido distante e estranho. Contudo, a resposta pós-estruturalista e estas conexões intricadas podem parecer frustrantemente complicadas e difíceis de se pôr em prática?

Num certo sentido, a resposta deve ser não, mas isto não precisa ser prejudicial à prática pós-estrutural, já que se serve de um importante e produtivo aspecto de uma visão pós-estruturalista da realidade. Embora todas as coisas participem de um mesmo mundo, embora elas sejam imagentes a este mundo, isto não significa que pertençam aos mesmos níveis e categorias. Qualquer pragmatismo pós-estruturalista deve tomar nota das diferentes relações entre as coisas e suas condições. Uma condição não é uma causa, mas sim uma influência e algo que põe princípios ou limites.

Por exemplo, em acréscimo a relações de causa e efeito entre as coisas (A causa o movimento de B), uma filosofia transcendental pode determinar relações em termos de princípios (A nunca pode ser considerado completamente independente de B). Embora os princípios não possam responder a certos tipos de questões práticas (Quem fez isso? Como nós movemos isso?), eles podem dar diretrizes para abordar diferentes tipos de questões (Que formas a realidade pode tomar? Que questões são legítimas? Há quaisquer objetos fundamentais?).

Em termos deste tipo de distinção, Deleuze inclui importantes princípios pragmáticos como "A experimentação real nas artes deve atravessar as fronteiras de identidades, que consideramos garantidas". Independentemente de qualquer princípio dado ser verdadeiro, é no mínimo possível dizer que este pensamento, quando abordado em termos de condições, pode oferecer elementos práticos para qualquer abordagem. De fato, tais diretrizes têm a vantagem de não especificar uma ação dada, mas deixar isto mais aberto à experimentação alinhada a diferentes perspectivas e situações.

Se todas as coisas pertencem ao mesmo nível, a prática pode tomar a forma do trabalhar segundo planos e representações mais ou menos simplificadores. Nós sabemos, num grau maior ou menor, como algo funciona, ou seja, temos uma representação dele. Isso nos permite testar as coisas e, dependendo da qualidade do plano, alcançar sucesso ou apreender com o fracasso. Podemos então aprimorar o plano e seguir adiante.

O pós-estruturalismo rejeita esta forma de pragmatismo, de filosofia prática, por considerar falsa a teoria dos planos ou das representações. Onde as coisas são condições umas para as outras, ou seja, para uma filosofia transcendental, não há nenhuma relação de representação entre elas. As conclusões não são retratos ou modelos daquilo de que são condições, ou seja, as relações entre as coisas na região condicionada não são as mesmas que aquelas entre as coisas na região das condições. Uma não é espelho da outra.

Muito da dificuldade do trabalho pós-estruturalista resulta desta assimetria e de sua incompatibilidade com nossa familiaridade em relação a mapas e planos. Isso não significa que a filosofia transcendental não possa ser pragmática, no sentido de experimentar e aprender com a experimentação criativa. Pelo contrário, o aprender está no coração da maioria das filosofias pós-estruturalistas, por exemplo no Foucault tardio, nas obras de Kristeva sobre escrever e aprender, nas obras de Derrida sobre a educação filosófica, ou nas obras tardias de Lyotard sobre Agostinho. Contudo, um pragmatismo pós-estruturalista é muito menos seguro em sua habilidade em separar diferentes partes de experimento ou de conhecimento prático umas das outras. Não se trata de revisar as coisas pedaço por pedaço. Elas são interconectadas e qualquer trabalho prático é uma transformação delas todas. Ainda assim, alguma ordem segue sendo possível porque o modo como são transformadas é diferente, tanto em termos da alteração das partes e de suas relações quanto em termos de relações espaciais e cronológicas. Regiões diferentes pressupõem sentidos diferentes de espaço e tempo e, portanto, qualquer experimento envolve efeitos longos e curtos e, mais importante, efeitos que estão, em certo sentido, fora do tempo, no sentido linear familiar deste.

A assimetria então se torna uma oportunidade de descrever diferentes funções em cada região. Isso explica por que o pós-estruturalismo é uma filosofia de princípios, limites, diretrizes críticas e criatividade radical. Tais aspectos não ficam de fora de nenhum experimento. São abertos à revisão, mas de um modo diverso das revisões nas regiões que eles condicionam. Por exemplo, a história em Foucault é submetida a regras padronizadas sobre objetividade, na cadeia da evidência objetiva, e a princípios que resultam da continuidade da história ao tomar decisões sobre qual evidência considerar ou não. Ambas as limitações devem ser aplicadas e ambas podem ser mudadas, mas o como e o porquê de mudarem são diferentes, e uma mudança em um não implica uma mudança correspondente no outro. Isso não significa que não tenham nenhum efeito um sobre o outro, mas sim que esses efeitos podem ser muito pequenos ou muito grandes em um, independentemente de sua escala no outro.

A obra de Foucault, portanto, inclui muitas instruções práticas e princípios diferentes dependendo de qual a região com a qual se está lidando. Pode haver o princípio de que, como muitas fontes diferentes de evidência deveriam ser buscadas, um princípio para selecionar cada qual deveria ser determinado. A prática da história não é deixada vaga e aberta por Foucault. Bem ao contrário: é aberta a um leque muito mais amplo de questões práticas que estendem seu escopo e seus poderes de escrutínio.

Como uma parte crucial de qualquer iluminismo, o impacto da história é mudado pelo pós-estruturalismo. A história se torna parte de qualquer determinação da prática e dos valores do Iluminismo em si. Onde outrora a história podia ser vista como aquilo de que o Iluminismo tentava escapar através de uma razão e de um leque de valores que não mudavam historicamente, ela agora se torna uma função crítica crucial em uma infinita transformação dialética do Iluminismo.

**Indivíduos, pós-estruturalismo e Iluminismo**

O pós-estruturalismo nega qualquer valor fundante no senso comum. Nega também quaisquer fronteiras teóricas para o pragmatismo em termos de seus atores e metas. O que se deve alcançar, por quem e para quem são parte de uma prática e de um experimento. Isso porque o sujeito – o sujeito humano, por exemplo – não conta como um fundamento seguro. Nem valores humanos (ou divinos) subsistem independentemente de contexto e de revisão. A recusa de independência se estende aos juízes do sucesso ou do fracasso. Não há nenhum juiz independente para tomar decisões finais sobre o que deve contar como um experimento social bem-sucedido ou como um outro, fracassado, deveria ser revisto.

De novo, isso parece levar o pós-estruturalismo a uma situação impossível. Pode haver algum sentido em se falar de uma prática, sem um sentido seguro do sujeito desta prática? Podemos ter um pragmatismo se não há nenhum juiz externo de sua evolução? Estas questões perdem de vista um ponto-chave sobre as obras pós-estruturalistas: elas não negam o sujeito. Antes, elas lhes negam a independência fundante. É possível trabalhar com uma noção de sujeito e de metas, na medida em que sejam abertas ao escrutínio crítico e à experimentação com relação a suas fronteiras. As questões "Para quem?", "Por quem?" e "Para quê" são parte da investigação pós-estruturalista.

Os autores aqui estudados demonstram como o sujeito não pode ser considerado um começo firme nem o padrão para estabelecer metas. Conexões muito mais amplas devem ser levadas em conta; por exemplo, em termos de redes de poder (Foucault), intensidades sensuais e virtuais (Deleuze), sentimentos que ultrapassam as fronteiras do conhecimento (Lyotard), relações múltiplas entre textos (Derrida) e impulsos e negações pré-linguísticas (Kristeva). É possível falar em sujeito e suas metas, mas apenas com muito cuidado e com uma consciência de suas limitações.

Estas limitações têm uma importância crítica e criativa porque levam em conta descrições muito mais precisas e confiáveis dos processos com os quais temos de trabalhar. Não lidamos somente com livres decisões de sujeitos racionais, mas com forças bem mais amplas que não podem ser abordadas do mesmo modo que interlocutores racionais. Segundo o pós-estruturalismo, não é sequer possível estabelecer tais padrões racionais como uma meta, já que esses limites podem ser traçados até o coração do racionalismo e do sujeito humano, por exemplo, nos resquícios da negação desses limites na busca racional por absolutos, ou no inconsciente humano e o papel dele nas decisões conscientes (pense em seus sonhos quando uma decisão importante e difícil está para ser tomada).

A extensão crítica e criativa ao sujeito é positiva porque permite aos pensadores pós-estruturalistas irem além de um dos principais paradoxos do Iluminismo: a combinação de individualismo e de uma razão comum. O indivíduo humano e suas livres decisões racionais são, ao mesmo tempo, cruciais ao Iluminismo tradicional em termos da esperança por um melhor futuro comum e uma barreira a este futuro mediante o desafio que esta liberdade coloca às decisões racionais comuns. Se nós usamos a mesma razão e chegamos às mesmas decisões, então podemos mesmo ser chamados de livres? Se somos livres, então não há algo importante que vai além da razão? Mas se esta coisa além da razão nos separa, por exemplo em termos de nossos desejos, como então pode a razão subsistir como fundamento para um progresso comum?

Uma vez que o sujeito e a razão estejam situados entre processos mais amplos e despidos de qualquer privilégio neles, a questão de como podemos ser ao mesmo tempo livres e condicionados pela razão perde sua contundência. Assim também perdemos alguns dos mais difíceis problemas políticos do Iluminismo em termos da relação entre o valor da escolha individual e o fato de que graus diferentes de liberdade associados com *background* e ambiente. Não somos igualmente livres e vivemos em sistemas onde esta igualdade é uma miragem.

O novo desafio é, pois, não apenas alcançar tanta igualdade quanto possível, mas também, e mais importante, como abrir os sistemas de modo que, pelo menos, possamos alcançar uma igualdade de inclusão, contra a rejeição daqueles ou daquilo que diferem. Isso significa submeter todos os sistemas e crenças à crítica com relação ao que eles rejeitam. Significa submetê-los a uma transformação criativa com relação a adaptar-se a diferenças radicais.

Um leque muito diferente de questões guia o pós-estruturalismo quando comparado aos problemas do individualismo. Quais são as estruturas, sistemas e processos em vigor na vida? Como eles podem ser abertos à mudança e à diferença? Quais são os perigos desta abertura? Quais são os perigos de resistir à abertura? Como a abertura pode ser mais bem-encorajada ante esses perigos? Onde se deveria experimentar criativamente e onde não?

A relação entre os atos que se seguem a essas questões e as estruturas, sistemas e processos é necessariamente indireta. Não há nenhuma cadeia causal direta indo de uma decisão absolutamente livre a um dado resultado. Ao invés disso, diferentes cursos de ação, guiados por princípios, devem ser testados numa situação complexa. Nós experimentamos não encontrar um dado caminho, mas interagir com uma situação que muda conforme trabalhamos dentro dela.

Esta é uma relação oblíqua com uma situação; como jogar contra um parceiro maleável, ao invés de com um leque de regras fixas a serem descobertas de uma vez por todas.

Não há nenhuma contradição em negar a liberdade e ainda assim "testar algo", porque aqui o "testar" indica uma relativa maleabilidade numa situação, ao invés de um livre-arbítrio absoluto. Não somos totalmente livres para chegar a uma decisão; antes, as muitas influências diferentes sobre um ato permitem o pensamento quanto às decisões. Essas decisões são, em si mesmas, influenciadas, mas podemos considerá-las relativamente livres, a ponto de pensá-las como decisões nossas, mas apenas temporariamente e sempre de uma maneira aberta à crítica e a diferentes interpretações criativas.

Seria possível descobrir a despeito do fato de não sermos livres numa dada situação. Seria possível decidir, por razões estratégicas, não agir como se fôssemos livres. Seria possível fazer seleções de áreas onde decidimos agir como se livres, e outras onde decidimos não fazê-lo. Estes resultados não levariam a uma negação completa da liberdade, mas de sua adaptação a novos ambientes. Esta adaptação liberta sua capacidade política de transformar a vida aliada ao pensamento.

O pós-estruturalismo frequentemente é definido em termos de seu poder negativo. É visto como um movimento que elimina opções, talvez todas, deixando o caminho aberto para o retorno da confusão e do dogmatismo. Mas ele jamais foi negativo desse modo. O pós-estruturalismo é um movimento de adição, mas onde adição significa uma transformação e não uma coleção. Adicionado ao espírito do Iluminismo, o pós-estruturalismo é a mais poderosa resistência à ignorância e o criador do pensamento libertador disponível hoje.

# Questões para discussão e revisão

**1 *Introdução* – O que é o pós-estruturalismo?**

1) Qual é o denominador comum que permeia o pós-estruturalismo?

2) Quais são algumas das principais críticas ao pós-estruturalismo e como elas podem ser respondidas?

3) Por que o pós-estruturalismo é sobretudo uma prática?

4) Como o pós-estruturalismo é uma política de esquerda?

5) Qual é a significância das raízes históricas do pós-estruturalismo?

6) O que é verdade para os pensadores pós-estruturalistas?

7) O pós-estruturalismo é anticiência?

8) Qual é a relação do pós-estruturalismo com o capitalismo, a democracia e os direitos humanos?

**2 Pós-estruturalismo como desconstrução – *Gramatologia*, de Jacques Derrida**

1) Por que a obra de Derrida é difícil de se ler? Que estratégias de leitura são respostas úteis a esta dificuldade?

2) O que Derrida quer dizer por origem, presença, rastro, *différance* e jogo? Qual a função destes termos para as desconstruções?

3) Como e por que a desconstrução é um rastreamento dos pressupostos metafísicos em textos?

4) Quais são algumas das principais críticas a serem feitas à desconstrução?

5) Qual é a relação da desconstrução com a ciência?

6) A obra de Derrida é aética devido à sua dificuldade e resistência a absolutos éticos?

## 3 Pós-estruturalismo como filosofia da diferença – *Diferença e repetição*, de Gilles Deleuze

1) Como a relação da obra de Deleuze com o estruturalismo favorece uma compreensão de sua filosofia?

2) Por que o pós-estruturalismo de Deleuze vai além do objeto e além de nossas ideias sobre o objeto?

3) O que é determinação recíproca e qual é a sua importância?

4) Qual é a definição, por Deleuze, de problemas?

5) Como a filosofia de Deleuze é um desafio à noção fundante de sujeito?

6) O que é simulacro?

7) Por que o pós-estruturalismo não é aberto às críticas do pós-modernismo?

8) O que é um signo?

9) Quais as consequências práticas da definição, por Deleuze, do pensamento?

## 4 Pós-estruturalismo como filosofia do evento – *Discurso, figura*, de Jean-François Lyotard

1) Qual é o papel dos sentimentos e dos eventos no pós-estruturalismo de Lyotard?

2) Por que Lyotard se opõe às totalidades e o que quer dizer por incomensurabilidade?

3) Qual é a diferença entre política e o político?

4) O que é o figural na obra inicial de Lyotard?

5) Lyotard se opõe a algum sentido da verdade?

6) Por que os pós-estruturalistas questionam a distinção entre teoria e prática?

7) Como as ideias pós-estruturalistas desafiam nossas visões das cidades?

8) O que Lyotard quer dizer por *diferendo*? O termo pode ter uma função política positiva?

## 5 Pós-estruturalismo, história, genealogia – *A arqueologia do saber*, de Michel Foucault

1) Qual é a significância do pós-estruturalismo para o estudo da história?

2) Quais são as principais questões críticas a se fazer à descrição de Foucault de liberdade?

3) O que Foucault quer dizer por continuidade e descontinuidade na história?

4) Definições precisas podem ser dadas a genealogia e arqueologia?

5) Como o pós-estruturalismo de Foucault é uma forma de crítica?

6) Como a política de Foucault pode ser considerada progressista?

7) Por que a definição de um enunciado como uma relação é tão importante para a arqueologia de Foucault?

8) Qual é o contraste crítico entre a arqueologia de Foucault e a ciência?

## 6 Pós-estruturalismo, psicanálise, linguística – *A revolução da linguagem poética*, de Júlia Kristeva

1) Como o pós-estruturalismo de Kristeva é revolucionário?

2) Como o texto poético se relaciona com a linguagem?

3) O que é semiótico? O que é simbólico? Por que a relação entre eles é tão importante para Kristeva?

4) Como a dependência de Kristeva ante a psicanálise leva a críticas a sua obra? Como essas críticas podem ser respondidas?

5) O que Kristeva entende como o tético? Qual é a função dele?

6) Como sua linguística pós-estruturalista implica críticas à linguística fenomenológica?

7) Qual é a crítica de Kristeva às estruturas profundas na linguística?

8) O que é *mímesis* para Kristeva? Como ela se associa à corrosão das regras linguísticas?

# Leituras adicionais

Todos os autores estudados aqui publicaram um grande número de trabalhos. Um número ainda maior de textos secundários foi escrito sobre eles. Para oferecer um primeiro roteiro para trilhar esse intimidante conjunto de livros e artigos, eu apresento sugestões de leitura adicional, bem como detalhes bibliográficos para os textos primários estudados aqui. O objetivo é dar uma obra maior de cada autor, seguida de uma obra ou coletânea (um conjunto de entrevistas ou ensaios, por exemplo), mais acessíveis, e uma coletânea acadêmica fortemente representativa. Em termos de textos secundários, para cada autor eu recomendo uma introdução geral, uma coletânea crítica e, para alguns autores, uma obra crítica mais dura de um pensador representativo de uma posição contrária. A meta não é apresentar um julgamento definitivo dos textos primários ou secundários, mas vias para avaliações equilibradas, bem-informadas e críticas.

### Obras de e sobre Jacques Derrida

A principal obra estudada é *Of Grammatology* [Baltimore, MD: Johns Hopkins University Press, 1974 – Trad. de G.C. Spivak. • *De la Grammatologie*. Paris: Minuit, 1967. • *Gramatologia*. São Paulo: Perspectiva. Cf. tb. "Différance" [*Margins of Philosophy*. Chicago, IL: University of Chicago Press, 1984, p. 1-28 – Trad. de A. Bass] e *Politics of Friendship* [Londres: Verso, 1997 – Trad. de G. Collins].

Uma boa coletânea de obras de Derrida *A Derrida Reader*: Between the Blinds, de P. Kamuf (org.) [Nova York: Columbia University Press, 1991]. Para uma introdução à obra de Derrida, cf. *Jacques Derrida*, de G. Bennington e J. Derrida [Chicago IL: University of Chicago Press, 1999). Para uma definitiva coletânea de ensaios críticos (isto é importante porque coletâneas menores não apreendem a profusão de ângulos diferentes em sua obra) cf. *Derrida*: Critical Assessments, de L. Lawlor e Z. Direk (orgs.) [Londres: Routledge, 2002] [esta obra é muito cara, sendo melhor consultá-la em bibliotecas, em particular, pelos ensaios seminais de seus contemporâneos]. Para uma boa e bem mais barata coletânea crítica, cf. *Derrida*: A Critical Reader, de D. Wood (org.) [Oxford: Blackwell, 1992].

### Obras de e sobre Gilles Deleuze

As principais obras estudadas aqui são: *Difference and Repetition* [Nova York: Columbia University Press, 1995 – Trad. de P. Patton.
• *Diferença e repetição*. Rio de Janeiro: Graal, 1988 – Trad. de L. Orlandi e R. Machado. • *Différence et Repetition*. Paris: PUF, 1868.
• "How do we recognize Structuralism?" [*Desert Islands and Other Texts* (1953-1974). Nova York: Semiotext (e), 2003, p. 170-192 – Trad. de M. Taromina]. • *A ilha deserta e outros textos*. São Paulo: Iluminuras, 2005 [Trad. de R. Machado et al.]. • "What Prisoners want from us" [*Desert Islands and Other Texts*. Op. cit., p. 204-205; *Proust and Signs* [Londres: Continuum, 2000, p. 204-205 – Trad. de R. Howard]. *Desert Islands and Other Texts* é também uma excelente coletânea de trabalhos iniciais de Deleuze. O leitor também deve se remeter aos dois trabalhos profundamente influentes com F. Guattari: *Anti-Oedipus* [Mineápolis, MN: University of Minnesota Press, 1983]; *A Thousand Plateaus* [Mineápolis, MN: University of Minnesota Press, 1987]. Há duas boas introduções gerais às obras de Deleuze: *Gilles Deleuze*: An Introduction, de T. May [Cambridge: Cambridge University Press, 2005] – é mais filosófica e política;

*Gilles Deleuze*, de C. Colebrook [Londres: Routledge, 2001] – é mais literária e estética. *Gilles Deleuze*: a Critical Reader, de P. Patton (org.) [Oxford: Blackwell, 1997] é uma excelente coletânea de ensaios críticos. Para uma contraposição por outro filósofo maior, recomendo *Deleuze*: The Clamor of Being, de A. Badiou [Mineápolis, MN: University of Minnesota Press, 1999].

**Obras de e sobre Jean-François Lyotard**

A principal obra estudada aqui é: *Discours, figure* [Paris: Klincksieck, 1971]. Outros trabalhos importantes são: *The Differend*: Phrases in Dispute [Mineápolis, MN: University of Minnesota Press, 1988] e *Libidinal Economy* [Londres: Athlone Press, 1993]. Uma boa coletânea de trabalhos de Lyotard que também inclui traduções de partes importantes de *Discours, figure* é *The Lyotard Reader and Guide*, de K. Crome e J. Williams (orgs.) [Edimburgo: Edinburg University Press, 2005). *Jean-François Lyotard*, de S. Malpas [Londres: Routledge, 2002] é uma boa introdução geral. A melhor coletânea de ensaios críticos sobre Lyotard está em *Yale French Studies 99* – Jean-François Lyotard: Time and Judgment, de R. Harvey e L. Schehr (orgs.) [New Haven, CT: Yale University Press, 2001].

**Obras de e sobre Michel Foucault**

A principal obra estudada aqui é *The Archeology of Knowledge* [Londres: Routledge, 1989 – Trad. de A.M.S. Smith]. • *L'Archéologie du Savoir*. Paris: Gallimard, 1969. • *A arqueologia do saber*. Rio de Janeiro: Forense, 2008 – Trad. de L.F.B. Neves]. *The Foucault Reader*, de P. Rabinow (org.) [Harmonds-Worth: Penguin, 1984] é uma boa seleção de trabalhos de Foucault, mas os leitores são encorajados a consultar outras importantes e influentes obras de Foucault, por exemplo: *The History of Sexuality*: An Introduction [Harmondsworth: Penguin, 1990] ou a importante coletânea *Power/Knowledge* [Nova York: Pantheon, 1980]. Embora seja muito difícil, o livro de Deleuze sobre Foucault, *Foucault* [Mineápolis, MN: University of Minnesota

Press, 1988] oferece *insights* maravilhosos sobre ambos os pensadores. Para uma introdução mais geral, cf. *Michel Foucault*, de S. Mills [Londres: Routledge, 2003]. Para uma boa coletânea de ensaios críticos, cf. *Foucault*: a Critical Reader, de D.C. Hoy (org.) [Oxford: Blackwell, 1986].

**Obras de e sobre Júlia Kristeva**

A principal obra estudada aqui está em edição abreviada como *Revolution in Poetic Language* [Nova York: Columbia University Press, 1984 – Trad. de M. Waller]. • *La révolution du language poétique*. Paris: Seuil, 1974. Para boas coletâneas de trabalhos de Kristeva, cf. *The Kristeva Reader*, de T. Moi (org.) [Nova York: Columbia University Press, 1986] ou, mais atualizada, *The Portable Kristeva*, de K. Oliver (org.) [Nova York: Columbia University Press, 1997). *Black Sun* é um de seus mais fortes trabalhos de psicanálise [Nova York: Columbia University Press, 1992], enquanto que *Powers of Horror*: an Essay on Abjection [Nova York: Columbia University Press, 1982] é recomendado como uma grande obra de crítica literária. Uma coletânea abrangente de ensaios críticos é *The Kristeva Critical Reader*, de J. Lechte e M. Zournazi (orgs.) [Edimburgo: Edinburgh University Press, 2004]. Para um estudo de seu trabalho sobre gênero cf. *Júlia Kristeva*: Psychoanalysis and Modernity, de S. Beardsworth [Albânia, NY: Suny Press, 2004], e para uma introdução mais geral, cf. *Júlia Kristeva*, de N. McAfee [Nova York: Routtedge, 2003].

# Linha do tempo das publicações

| | Derrida | Deleuze/Deleuze e Guattari | Lyotard | Foucault | Kristeva | | Outros |
|---|---|---|---|---|---|---|---|
| 1953 | | Empirismo e subjetividade | | | | | |
| 1954 | | | Fenomenologia | | | | Lacan: Seminários |
| 1955 | | | | | | | |
| 1956 | | | Ensaio para o socialismo ou barbárie | | | | |
| 1961 | | | | História da loucura | | | |
| 1962 | | Nietzsche e a filosofia | | | | | |
| 1963 | | A filosofia crítica de Kant | | O nascimento da clínica | | | |
| 1966 | | Proust e os signos | O bergsonismo | | As palavras e as coisas | | Lacan: Escritos |
| 1967 | A escritura e a diferença Gramatologia | | | | | | |
| 1968 | | Spinoza e o problema da expressão [expressionismo em filosofia] Diferença e repetição | | | | | Serres: Hermes, vol. 1 |
| 1969 | | A lógica do sentido | | Arqueologia do saber | Semiótica | | |
| 1970 | | | | | | | |
| 1971 | | | Discurso, figura | | | | |

| Year | | | | | | | |
|---|---|---|---|---|---|---|---|
| 1972 | A disseminação, margens, posições | O anti-Édipo | | | | | Serres: Vol. 2<br>Kofman: Nietzsche e a metáfora |
| 1974 | Glas | | Economia libidinal | Vigiar e punir | | A revolução da linguagem poética | Serres: Hermes, vol. 3<br>Irigaray: Speculum |
| 1975 | | | | História da sexualidade I | | | |
| 1976 | | | | | | | |
| 1977 | Limited Inc. | | | | | Polylogue | Serres: Hermes, vol. 4<br>Irigaray: Este sexo que não é um |
| 1979 | | | A condição pós-moderna | | | | |
| 1980 | O cartão postal | Mil platôs | | | | | Serres: Hermes, vol. 5 |
| 1981 | | | | | | Poderes do horror | |
| 1982 | | | | | | | Irigaray: Paixões elementares |
| 1983 | De um tom apocalíptico | Cinema 1 | O diferendo | | | Histórias de amor | Nancy: A comunidade inoperante |
| 1984 | | | | História da sexualidade II<br>História da sexualidade III | | | Irigaray: Uma ética da diferença sexual |

|  | Derrida | Deleuze/Deleuze e Guattari | Lyotard | Foucault | Kristeva | Outros |
|---|---|---|---|---|---|---|
| 1985 |  | Cinema 2 |  |  |  |  |
| 1986 |  | Foucault |  |  |  |  |
| 1987 | Do espírito |  |  |  | Sol negro |  |
| 1988 |  | A dobra | O inumano |  | Estrangeiros de nós mesmos | Badiou: Ser e evento<br>Nancy: Experiência e liberdade |
| 1990 |  |  |  |  |  | Irigaray: Je, tu, nous |
| 1991 |  | O que é filosofia? | Lições sobre a analítica do sublime |  |  |  |
| 1993 |  | Crítica e clínica | Moralidades pós-modernas |  | As novas doenças da alma |  |
| 1994 |  |  |  | Ditos e Escritos (coletânea de palestras e outros trabalhos) |  |  |
| 1996 |  |  |  |  | Sentido e contrassenso da revolta | Nancy: Ser singular e plural |
| 2000 |  |  | A miséria da filosofia |  |  |  |

# Índice

abertura 29, 58, 62, 77-82, 113, 119, 155, 161, 176s., 217, 231
   e sociedade 193s.
absolutos 21
Adami, V. 141
alienação 41
ambiente 36, 231
antropocentrismo 53, 167
Arakawa, S. 141
Argélia 21, 39, 125, 150
arqueologia 20, 163, 171, 181-188
arquitetura 36
Artaud, A. 190, 195
arte 33-37, 113, 118, 132-136, 140s., 203, 210-212, 216, 220, 226
atual 96, 100
Auschwitz 149

Baruchello, G. 14
Berlim 149
biopoder 38, 81
Budapeste 149
Buren, D. 141

capitalismo 39-43, 126, 149s.
castração 202s.
categorias 169s.
causalidade 28, 111, 155s., 166
ceticismo 135
Chomsky, N. 195-199, 204, 209
*chora* 197-199, 201-203, 209, 214
cidades 144-147
ciência 13, 27, 33-36, 44s., 72-76, 155, 178, 183-188, 201, 221s.
clareza 77-82, 157
comunicação 31
conceito 84
condições 88-91, 95, 173s., 227
Condillac, É.B. 61
conhecimento/saber 13-16, 18-20, 23, 36-38, 56, 74, 94, 102-105
consciência 22, 42, 70, 204
continuidade 161-168
corpo 65, 90, 124, 225
crítica 30, 51, 154, 168-175, 208
cultura 99

*Dasein* 24s.
Deleuze, G. 13, 16, 20s., 32, 36, 42, 119-122, 168s., 189, 194, 199, 218-220, 226s., 230
democracia 39-43, 147, 223
liberal 41
Derrida, J. 13, 16, 20s., 23, 25, 32, 36-38, 40-62, 93, 97, 110, 122, 169, 196, 207, 219, 227, 230
Descartes, R. 22, 137, 144, 207
desconstrução 20, 42, 97, 119, 196
 como processo 50s.

crítica da 53, 72, 77-82
e afirmação 59
e ciência 54s., 72-77
e metafísica 51, 62-72
e pós-estruturalismo 46-55
desejo 59, 120s., 123, 128, 131-135, 143, 188, 194
determinação recíproca 94-97, 114, 121, 168
determinismo 27, 92, 155
Deus 51
dialética 20, 204s.
diferença 18, 83-86, 94-96, 107, 110, 119, 129, 175-177, 217, 223, 227s.
   cf. tb. *différance*
diferenciação 85
diferencial 85
diferendo 123, 128, 148-152
*différance* 52, 58s., 64
direitos 21, 100, 128
direitos humanos 128
disciplinas 170-172
discurso 50s., 61, 65s., 118, 123, 131-134, 143, 173, 186
documento 164-166
dogmatismo 28, 216-218, 221, 224
dóxico 206
Duchamp, M. 141

economia libidinal 20, 124
empirismo 34, 73, 88-90, 142
transcendental 20, 90, 114
enunciados 172, 179-183
escritura/escrita 50, 60-67, 75, 157, 170, 209
   obscura 76-82

espaço 36, 89-91, 143, 154
espécies 96
essência 22-24, 177
  animal 36
  humana 36
essencialismo 27
estética 35, 118-122, 130-135
  da existência 177
estilo 29-31, 139, 157, 178
estruturalismo 13-15, 46s., 66, 83-88, 90, 113, 118-123, 153-157, 167, 196, 213s., 229
eterno retorno 111-114
ética 14, 19, 35, 65, 77-82, 106, 169, 216, 223
etnocentrismo 53
eu 23
evento 15s., 28, 37s., 105, 113-116, 118-123, 132, 137-139, 147-152, 170s., 178, 220
existencialismo 22-24, 104
experimento 31, 226
*explication de texte* 48s.

fascismo 25
feminismo 21, 190s.
  e linguagem 190s.
fenomenologia 22-24, 204-207
figural 130-136, 143
filosofia transcendental 22, 28, 90, 104, 167s., 204-206
  fonética 69
Foucault, M. 13, 16, 20s., 32, 36-38, 42, 99, 102, 110, 207, 219s., 228-230
Francken, R. 141

Frege, G. 195, 204, 209s.
Freud, S. 22, 26s., 73, 175, 195-200
fundações 22, 65s., 160, 183, 229

genealogia 20, 30, 154, 159, 161, 165, 171, 176, 183-188
gênero 17, 37, 43, 175s., 190
governo 37
gramática 57, 69, 172, 180, 192
　profunda 207-209, 212, 215
Guattari, F. 199

Hegel, G.W.F. 97, 200
Heidegger, M. 22-26, 67s.
hermenêutica 22-24
história 21-25, 30, 34, 43, 76, 145, 148s., 157, 161-169, 228
　e ciência 184-188
　e descontinuidade 161-169
　e pós-estruturalismo 153-158
Hjelmslev, L. 195
humanismo 29, 42-45, 93, 166, 223
Hume, D. 93, 179
Husserl, E. 22, 46, 49, 195, 204-207

identidade 27, 43, 84, 89, 94, 102-108, 123, 158, 182, 202, 217
ideologia 188
igualdade 231
Iluminismo 27-29, 149, 161, 216-222, 229-232
imagem do pensamento 86, 117
imaginário 87
imanência 31, 94, 110s.
impulsos 157, 197-202, 205, 214

incomensurabilidade 123-130, 143
inconsciente 26s., 37, 194s., 197, 203
individual 105s., 154, 229-232
indução 179
intencionalidade 22
intensidade 84, 124, 127s., 132
interpretação 32, 37, 84, 101, 158, 182, 201s., 212
intuições 28

Jakobson, R. 46, 195
jogo 52, 59-61, 63, 93
Joyce, J. 190
julgamento 181, 220
justiça 126, 129, 223

Kant, I. 22, 27-30, 39, 126, 148, 161
Kristeva, J. 13, 16, 20s., 32, 36-38, 42, 74, 102, 220, 224, 227, 290

Lacan, J. 26, 73, 102, 195, 199, 202
lance de dados 92
Lautréamont, Conde de (Isodore Ducasse) 190, 195
leis 28, 37
Leiter, B. 78s.
leitura, estratégias de 48, 52, 156s.
Lévinas, E. 64
Lévi-Strauss, C. 64, 85, 195, 204, 213s.
liberalismo 155
liberdade 29, 36, 112, 148, 154-156, 160, 166, 230-232
limites 13-18, 27-29, 39, 42-45, 75, 115, 123, 127, 129, 148, 168-171, 181, 217, 226

linguagem 16, 23, 34-36, 50, 57s., 87-93, 128-131, 179-184, 190-195, 203-215, 220s.
linguística 203, 210
   cf. tb. linguagem
literatura 35, 38
livre-arbítrio 93, 104s., 154, 160, 232
livro, limites do 47, 169-171
localidade 85
lógica 20, 57, 74, 155, 176, 208, 215
Lyotard, J.-F. 13, 16, 20s., 25, 32, 36, 38, 47, 102, 189, 199, 220, 223, 227, 230

maio de 1968 21, 39
mal 218
Mallarmé, S. 189, 195, 212
Marx, K. 39, 125, 155, 167
matemática 14
matéria 119, 121, 131, 133-139, 142
Mao 39
medo 61
memória 36
mentalidades 170
mente 43, 225
metafísica 24, 30, 51-55, 62-73, 76, 96
metáfora 38, 52
método 27, 33-37, 88, 99, 103, 163
*mímesis* 210-212
moderno 113
Monory, J. 141
monumento 164s.
moralidade 14s., 18-20, 36, 65, 142, 158-160, 176

morte 25, 42, 70s., 77-79
multiplicidade 94, 146

narrativa 126-129, 148-152
nascimento 42
naturalismo 27, 92, 120, 177, 200s., 215
negação 191-193, 203s., 230
Newman, B. 141
Nietzsche 22, 30-32, 67, 87, 110, 160, 167
niilismo 28, 106, 144, 215, 223
normas 169

objetividade 89, 101, 119, 130
ontoteologia 51, 54
origem 52, 55, 60, 62, 74-76, 110, 134, 206s., 219

Partido Nazista 25
paz 99
pensamento 113-117, 218-220
pessoa 105
Picasso, P. 143
pintura 31, 36, 130-135, 139s.
planejamento urbano 146s.
Platão 30, 109
pobreza 41
poder 38-43, 154, 157-161, 165, 188, 219, 230
   cf. tb. biopoder
poesia 191s., 197, 209-213, 224
política 14, 20s., 25, 37-43, 63, 76-80, 106, 113, 125, 128-130, 148-152, 175-183, 190, 200, 231s.

   e o político 128
   utopias políticas 41
Polônia 149
pontos de bifurcação 95
pós-estruturalismo, crítica do 13, 17-21, 33, 53s., 65, 122, 125, 154-156, 177s., 208s., 220-226
positivismo 51, 187s.
pós-moderno 126
possível 38
Pound, E. 190
pragmatismo 226-229
prática 17, 19, 28-30, 60, 76, 85, 101, 106, 115, 139-144, 169s., 196, 212
prazer 61, 123, 158
   princípio do prazer 26
presença 23, 52 ,56, 61-65, 71, 76
princípios 28
problema 97, 103, 217s.
progresso 29, 128, 151, 175-183
promessa 81
Proust, M. 107, 114s.
psicanálise 22, 26, 73, 189-204
pulsão de morte 26

questão 98-103, 217

racionalismo 29, 145, 149
rastro 52, 57, 62
razão 29-32, 126, 132, 216, 219-221, 230s.
real 87, 92, 121, 133s.

reconhecimento 85, 218
referência 16, 88, 119-122, 130, 134, 143, 201, 206, 209-212
relações 89-92, 94-98
relativismo 18, 25, 28, 50, 53, 98s., 136, 142, 182
repetição 83-86, 107, 119, 228
representação 84-86, 88, 99, 113, 135, 201
resistência 17, 149, 160, 180, 182
revolução 106, 167, 189-194, 209, 215, 225
e feminismo 190s.
Rousseau, J.-J. 47, 49, 60-63

sacrifício 213s.
Sartre, J.-P. 92
Saussure, F. 46, 49s., 65
semiótica 196-199, 202-206, 212s.
sensação 16, 23, 105, 115
senso comum 18, 108, 220
sentido 91, 121, 130, 206, 209-212
sentimento 119-124, 130, 133-135, 137s., 223, 230
ser 68
sexualidade 26s., 37, 42-44, 120, 175-177, 199, 214
significado 16, 50, 74, 87, 91, 109, 183, 201
significante 50, 74
signo 50, 61, 74, 84, 92, 107-114, 123, 133, 145, 162, 202
simbólico 85-92, 196s., 201-206, 213-215, 224
simulacro 85, 107-114
sinal 109
singular/singularidade 85, 95, 105
subjetividade 23, 89, 131
sublime 123, 149, 151

sujeito 23s., 103-107, 154, 157, 160, 166-168, 182s., 193s., 197, 200, 203s., 212, 229-231
transcendental 204-206
suplemento 60

Tchecoslováquia 149
tecnologia 35
teleologia 53
tempo 36, 111-114, 154, 158
teoria 17, 72, 139-144, 169, 195s.
tético 201-203, 213-215
texto 47-51, 57-60, 68, 134, 157, 193, 203, 208s., 220, 230
totalidade 113, 123-129, 151, 166
totemismo 213s.
tradição 170
transcendência 30, 94, 166
transgressão 159

universidade 116

valor 16, 20, 36s., 59s., 79, 88, 93, 148, 183, 193, 222, 224s.
   e origens 55s.
   transcendente 32, 177
   valores humanos 25, 93, 166, 219, 229
verdade 19s., 22-25, 31, 35, 42, 51, 56, 79-81, 93, 98, 103, 110, 122, 129, 136-139, 169, 192, 210-212, 220s., 225
violência 64-66, 82
virtual 38, 100
vontade de poder 32

Wittgenstein, L. 126

## Série Pensamento Moderno

Esta série provê introduções curtas, acessíveis e interessantes às principais escolas, movimentos e tradições da filosofia e da história das ideias, desde o início do Iluminismo. Todos os livros da série são escritos para que alunos de graduação tenham contato com o assunto pela primeira vez.

**Títulos**

*Hermenêutica*
Lawrence Schmidt

*Fenomenologia*
David Cerbone

*Utilitarismo*
Tim Mulgan

*Existencialismo*
Jack Reynolds

*Naturalismo*
Jack Ritchie

*Pós-estruturalismo*
James Williams

*Racionalismo*
Charlie Huenemann

*Idealismo alemão*
Will Dudley

*Ética da virtude*
Stan van Hooft

*Marxismo*
Geoff Boucher

*Nietzscheanismo*
Ashley Woodward

*Empirismo*
Robert G. Meyers

*Hegelianismo*
Robert Sinnerbrink

*Feminismo*
Peta Bowden e Jane Mummery

*Pós-colonialismo*
Jane Hiddleston